영적 재생산의 삶

네비게이토 선교회는
국제적이며 복음적인 기독교 기관이다.
예수 그리스도께서는 자기를 따르는 자들에게
"너희는 가서 모든 족속으로 제자를 삼으라"
(마태복음 28:19)는 지상사명을 주셨다.
네비게이토 선교회는 세계 모든 국가에서
예수 그리스도의 일꾼들을 배가시켜
이 지상사명의 성취를 돕는 것을
근본 목표로 하고 있다.

네비게이토 출판사는
네비게이토 선교회의 문서 선교를 담당하고 있다.
본 출판사에서는 그리스도인의 영적 성장을 돕는
서적과 자료들을 출판하여,
그리스도인의 삶의 기초가 견고한
헌신된 제자로 성장하게 하고,
나아가 성숙한 인격과 지도력을 갖춘
일꾼이 되도록 돕고 있다.

영적 재생산의 삶

하진승 지음

TO KNOW CHRIST AND TO MAKE HIM KNOWN

내가 진실로 진실로 너희에게 이르노니
한 알의 밀이 땅에 떨어져 죽지 아니하면 한 알 그대로 있고
죽으면 많은 열매를 맺느니라.
(요한복음 12:24)

내 아들아, 그러므로 네가
그리스도 예수 안에 있는 은혜 속에서 강하고,
또 네가 많은 증인 앞에서 내게 들은 바를
충성된 사람들에게 부탁하라.
저희가 또 다른 사람들을 가르칠 수 있으리라.
(디모데후서 2:1-2)

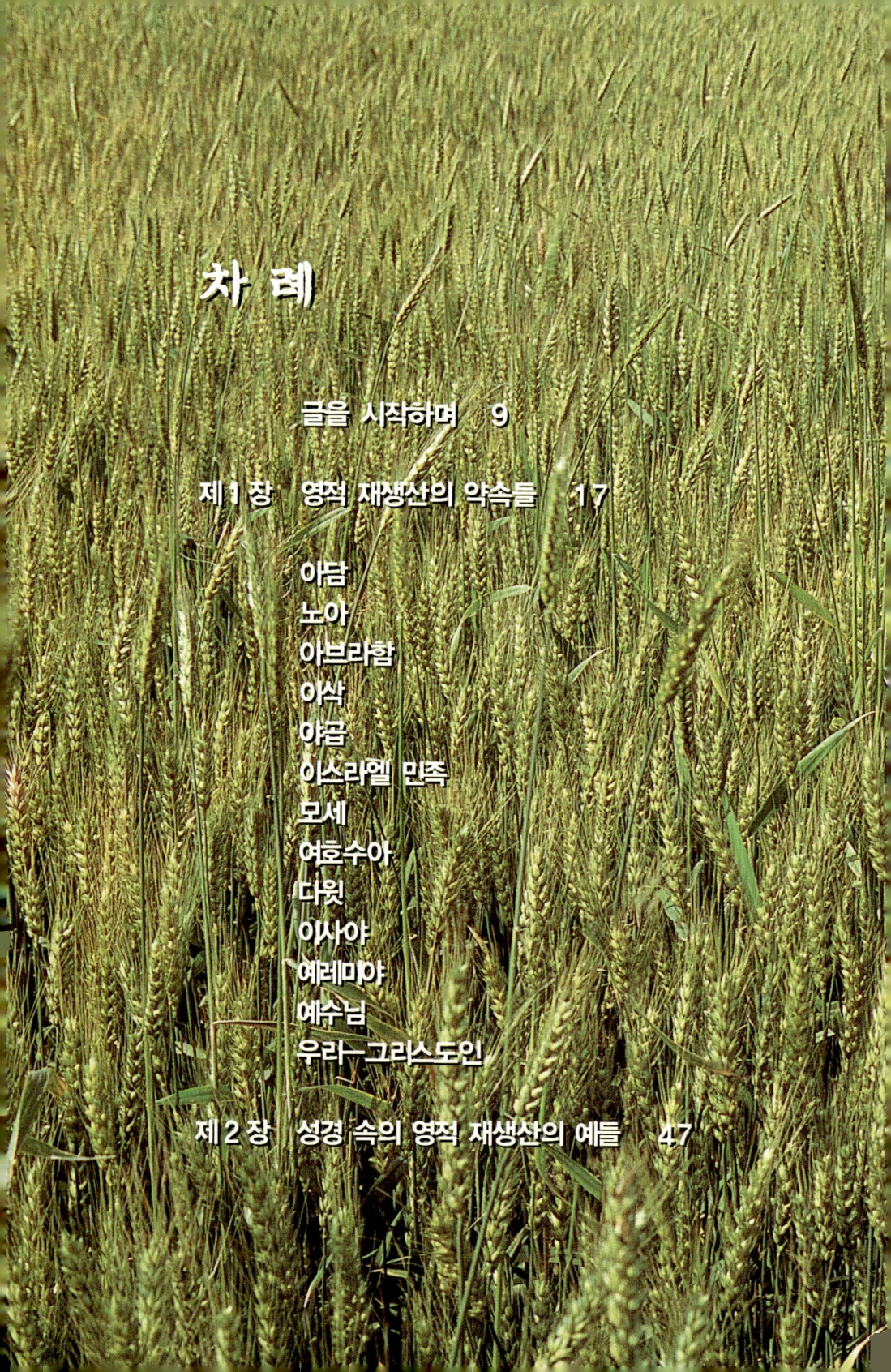

차 례

글을 시작하며   9

제 1 장   영적 재생산의 약속들   17

아담
노아
아브라함
이삭
야곱
이스라엘 민족
모세
여호수아
다윗
이사야
예레미야
예수님
우리─그리스도인

제 2 장   성경 속의 영적 재생산의 예들   47

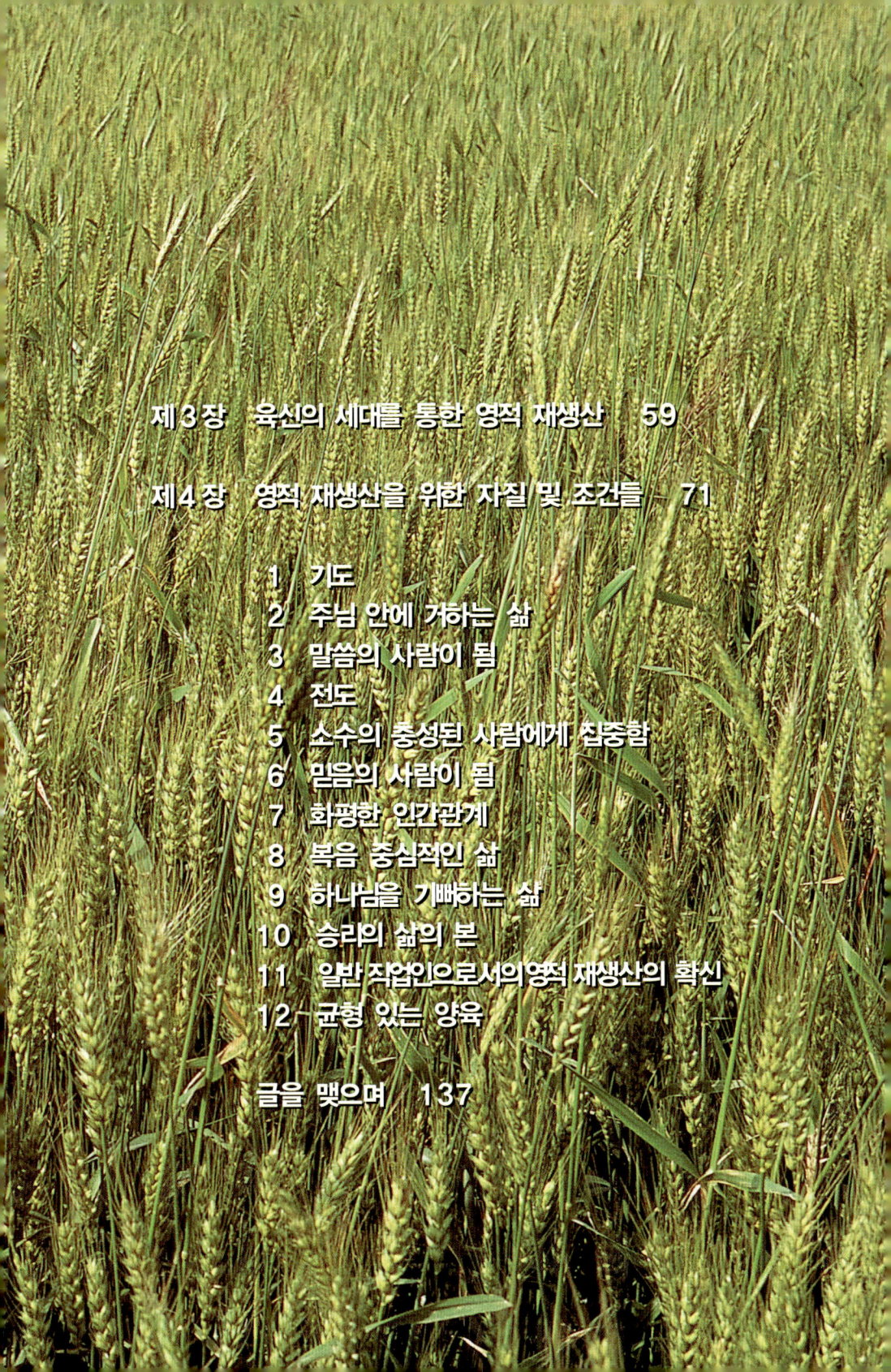

제3장 육신의 세대를 통한 영적 재생산   59

제4장 영적 재생산을 위한 자질 및 조건들   71

  1 기도
  2 주님 안에 거하는 삶
  3 말씀의 사람이 됨
  4 전도
  5 소수의 충성된 사람에게 집중함
  6 믿음의 사람이 됨
  7 화평한 인간관계
  8 복음 중심적인 삶
  9 하나님을 기뻐하는 삶
10 승리의 삶의 본
11 일반 직업인으로서의 영적 재생산의 확신
12 균형 있는 양육

글을 맺으며   137

글을 시작하며

  요즈음 세상 돌아가는 것을 보면 하나님께 채찍을 맞을 때가 가까이 왔다는 생각이 들어 두려운 마음이 생깁니다. 성경 말씀을 보면 하나님께서 어떤 한 민족이나 나라나 가정, 또는 개인에 대하여 자연적 재난이나 기근, 가난이나 역병, 전쟁이나 환난 등의 채찍을 가하실 때가 있었는데, 그럴 때마다 반드시 그 이유가 있었던 것을 알 수 있습니다. 그 이유 중 공통적인 것은 당시의 사람들이 하나님의 뜻과 역행되는 삶을 고집스럽게 산 결과로, 또는 하나님의 백성이 자신들에게 주어진 역할을 올바르게 수행하지 않고 있을 때 그런 일이 일어났던 것을 보게 됩니다. 노아 시대도 그렇고, 소돔과 고모라도 그렇고, 이스라엘 민족의 패망, 포로 됨, 역병 등 그 많은 끔찍스러운 일들이 그들의 죄 때문에 일어난 형벌이요 채찍이었다는 것을 볼 수 있습니다. 그런데 그러한 하나님의 두려운 채찍에 바로 우리가 지금 아주 가까이 가 있지 않은가 하는 생각이 듭니다. 그런데도 불구하고 감사하게도 아직 그런 징벌이 일어나지 않고 있는 것은, 아마도 이런 악하고 더러운 세상에서 죄에 물들지 않고 의롭고 깨끗한 마음을 끝까지 지키며 간절한 마음으로 주님을 사모하고 주님을 배우는 사람들이 아직도 이 땅에 남아 있기 때문에, 하나님께서 그들을 위하여 참고 계시는 것이 아닌가 하는 생각이 듭니다.

창세기 15:16에서 우리는 하나님의 성품에 대한 특별한 면을 찾아볼 수 있습니다. 하나님께서 아브라함의 자손인 이스라엘 백성들을 가나안 땅의 주인이 되게 하는 데 400여 년이라는 긴 세월의 애굽 종살이를 먼저 거치게 하셨는데, 이렇게 하신 데에는 약속을 유업으로 받고 누리고 전달해야 할 이스라엘 민족 자체의 필요를 위한 목적도 있었지만, 다른 한편으로는 당시의 가나안 땅에 살고 있던 대표적 족속인 "아모리 족속의 죄악이 아직 관영치 아니함"을 인하여 징벌을 연기하신 측면도 있는 것입니다. 비록 하나님을 믿지 않는 악한 사람들일지라도 그들의 죄악이 아직 극에 달하기 전에는 멸하시지 않고 참고 계셨고, 그때가 오기까지는 이스라엘을 애굽과 광야에 더 머물게 하셨던 것을 봅니다.

하나님은 얼마나 공평하시고 공의로우시며 또한 쉽게 노하지 않으시고 회개하기까지 얼마나 길이 참으시는 분이신가를 믿을 수 있습니다. 은혜와 인자가 충만하신 하나님의 성품과 인격을 생각할 때 우리는 더욱 감사한 마음을 가지며 깨어 기도하는 삶을 살아야 합니다. 세상으로 죄악의 결과에 대한 두려움을 알게 하고 회개케 하는 역사가 우리를 통해 일어나도록 해야 합니다.

　막강한 힘을 가진 제국들, 영원히 멸망하지 않고 세상을 지배할 것같이 보이던 무소불위의 세력을 가지고 있던 제국들도 다 패망하였습니다. 초대교회 교인들을 그렇게도 핍박하고 환난 속에 밀어 넣던 로마제국도 결국은 패망하였습니다. 그런데 지금 우리의 사회적 상황이 로마가 멸망할 때의 상황과 유사한 점들이 너무나 많습니다. 담대히 행하는 음행, 끝없이 먹어 치우는 미식과 탐식 행위, 상상을 초월하는 잔인함과 폭력이 난무하는 각종 자극적인 오락 및 향락 문화 등이 그렇습니다. 로마제국의 경우 콜로세움의 운영비로 전 로마군의 운영비 다음으로 많은 예산을 썼다고 하니 놀라지 않을 수 없습니다. 또한 그들이 즐기던 목욕 문화까지 어쩌면 그렇게도 지금의 우리 주변 상황과 구석구석까지 닮아 있는지 만시지탄의 두려운 생각이 듭니다. 오직 "그는 은혜를 모르는 자와 악한 자에게도 인자로우시니라"는 누가복음 6:35 말씀을 붙들고 기도할 뿐입니다.

　이사야 30:18에서 "여호와께서 기다리시나니 이는 너희에게 은혜를 베풀려 하심이요, 일어나시리니 이는 너희를 긍휼히 여기려 하심이라. 대저 여호와는 공의의 하나님이심이라" 하신 말씀과 같이 우리 그리스도인으로 인하여 이 땅에서 하나님의 은혜 베푸심이 이루어지기를 우리는 간절히 기도해야 하며, 이 민족이 회개하여 하나님께 복종하는 역사가 일어나도록 우리가 먼저 정신을 차리고 경건의 연습에 힘써야 하겠습니다. 이러한 심각한 문제의 근본적인 해결은 결단코 일시적인 회개운동이나 전도대회로 되는 것이 아닙니다. 오직 영적인 경건한 사람들이 재생산하는 능력을 가지고 퍼져 나가야 합니다. 그들이 세상의 중심을 잡고 있을 때 하나님의 복이 넘치게 될 것입니다. 과연 나는 영적으로 재생산하는 삶을 살고 있는가? 또 나뿐만 아니라 다른 사람으로 하여금 영적 재생산을 할 줄 아는 사람으로 도와주는 삶을 살고 있는가를 먼저 돌이켜 보아야겠습니다.

1960년대 초에 한국에서 네비게이토 사역을 시작할 때에 외국에서 한 네비게이토 팀이 한국을 방문했습니다. 때는 여름이었는데 그들이 우리로서는 그때까지 듣지도 보지도 못했던 스킷(skit)이라는 것을 했습니다. 그런데 그 스킷의 내용이 그 당시 우리에게는 너무도 특이했습니다. 사막에서 전쟁을 하다가 패잔병 몇 명이 고립되었는데 너무도 목이 타서 물…물…물… 하면서 사력을 다해 기어가다가 천신만고 끝에 드디어 물을 발견하였습니다. 그들은 물가에 이르자마자 꿀꺽꿀꺽 물을 마시는 것이 아니라 호주머니를 이리저리 뒤지더니 뭘 꺼냈는데 빗이었습니다. 그들은 그 빗을 가지고 물을 쳐다보면서 물에 비친 자신의 머리를 빗었습니다. 거의 40여 년이 지난 지금도 그때의 일이 생생하게 기억이 납니다. 그것이 나에게는 충격이었습니다. 왜냐하면 교회에서는 마땅히 경건한 모습으로 예배하고 찬송하며 기도하고 성경 배우는 일 등을 해야 하는데, 그들은 정통 연극도 아니고 무슨 감동을 주는 것도 아니며 그렇게 허망하게 웃기는 이상한 것을 하나 하는 생각이 들었던 것입니다. 그러나 지금은 그런 것 정도는 그리스도인 모임 안에서 그냥 자연스럽게 받아들이고 있습니다.

그런데 이 이야기를 왜 하느냐 하면 우리도 그 스킷의 주인공들처럼 정말 목이 말라서 물을 찾다가 막상 물을 발견한 다음에는 기껏 머리만 빗고 있는 것처럼 해서는 안 되겠다는 생각이 들기 때문입니다. 말씀을 배우고 자기 생애에 새로운 변화의 계기를 맞고자 하는 목적으로 그리스도인의 모임에 왔다가 정작 물은 마시지 않고 겨우 머리만 빗고 마는 그런 사람이 되어서는 안 되겠습니다. 마시라고 물을 주었더니 머리 빗는 데만 쓴다든지 아니면 가글만 하고 뱉어 버린다면 그 스킷 이상으로 웃기는 일이 될 것입니다. 그런 그리스도인을 통해서 영적 재생산을 기대하기란 불가능할 것입니다. 그런데 심각한 사실은 그러한 그리스도인들이 너무도 많이 있다는 것입니다.

누가복음 19:12 이후 말씀에는 므나의 비유가 나오고 마태복음 25:14-30에는 달란트 비유가 나옵니다. 이 두 가지 비유의 말씀에서 예수님께서 우리에게 가르쳐 주시고자 하신 뜻은 과연 무엇입니까? 예수님은 이 천국의 비유들에서 투자와 장사 및 그 기대하는 결과에 대한 이야기를 하심으로써 우리로 하여금 좀 더 실감 나게 우리의 삶이 과연 어떻게 전개되어야 하는지에 대하여 깨닫도록 해주셨습니다.

누가복음 19:12 이후에 나오는 므나의 비유에서는 주인이 종 열 명에게 한 므나씩 주면서 장사를 해서 이익을 남기라고 했습니다. 마태복음 25:14-30에서는 이와는 좀 다르게 주인이 금 달란트를 나눠 주는데 어떤 사람에게는 다섯 달란트, 어떤 사람에게는 두 달란트, 그리고 어떤 사람에게는 한 달란트, 이렇게 차이가 있게 자기의 소유를 맡겼습니다. 하나님께서는 우리에게도 각자 받은바 은사와 재능을 가지고 천국을 위해 잘 활용하는 삶을 살 것을 기대하고 계십니다. 그리하여 우리는 그것을 어떻게 활용하는가의 결과에 따라 상을 받기도 하고 징벌을 받기도 합니다. 이 비유의 이야기는 곧 그리스도인의 영적인 삶이 자기에게만 머물러 있지 말고 재생산적인 삶을 살아야 마땅함을 보여 주고 있습니다.

위 두 가지 비유에 나오는 종들이 달란트와 므나를 받은 것처럼 우리도 천국을 향해서 이 세상을 살아가는 동안에 하나님으로부터 은사와 능력을 받았으며, 또한 일정한 사명과 생의 목표 및 약속을 받았습니다. 이는 우리로 하여금 이 세상에 사는 동안 그 받은바 달란트나 므나를 가지고 영적인 장사를 하여 이익을 배가하고 재생산하는 삶을 살도록 하기 위해서인 것입니다. 사람에 따라서는 영적인 삶을 이렇게 장사로 표현한 것에 대해 의아하게 생각하기도 하지만, 이렇게 장사로 비유해서 표현하는 것만큼 우리의 영적 재생산의 삶을 이해하는 데에 더 좋은 예화는 별로 없다고 생각합니다. 어쨌든 성경 말씀에서는 장사를 해서 몇 배로 이익을 남겨야 되는데 어떤 사람은 남긴 것이 있고 어떤 사람은 전혀 남기지 않고 수건에 가만히 싸 두었다가 반납하는 그런 사람도 있다는 것을 말씀하고 있습니다.

  또한 이 이야기는 바로 언젠가 주님께서 재림하실 때 주님 앞에서 반드시 우리 삶의 잘잘못에 대한 계산과 평가가 필연적으로 있을 것이라는 사실을 말씀하고 있는 것입니다. 이런 점을 생각할 때 우리는 우리의 영적인 삶의 재생산에 대해서 더욱 진지하게 생각해 보아야 하며, 이 사실을 항상 기억하며 살아야겠습니다.

제 1 장
영적 재생산의 약속들

영적 재생산의 약속들

창세기 1:28에서, "하나님이 그들에게 복을 주시며 그들에게 이르시되, '생육하고 번성하여 땅에 충만하라. 땅을 정복하라. 바다의 고기와 공중의 새와 땅에 움직이는 모든 생물을 다스리라'"고 하였습니다. 이 말씀처럼 이미 하나님께서는 인류의 조상인 아담에게 생육하고 번성하여 땅에 충만하라는 재생산의 축복과 약속을 해주셨습니다. 그런데 더욱 중요한 것은 이러한 재생산에 대한 하나님의 관심이 아담으로 끝난 것이 아니고 그 이후로도 계속 이어져 왔다는 데 있습니다. 그것이 어떻게 이어지고 있는가를 말씀을 통해서 좀 더 구체적으로 찾아보겠습니다.

하나님께서 아담에게 생육하고 번성하여 땅에 충만하라고 처음으로 말씀하신 이후에 다시 창세기 9:1에서도, "생육하고 번성하여 땅에 충만하라"고 똑같이 말씀하고 계십니다. 이 말씀은 아담의 9대째 후손인 노아와 그 아들들에 대한 것입니다. 하나님께서 죄가 관영한 이 땅을 물로 멸하시고, 이제는 경건하고 의로운 노아와 그 가족들만 살아남았는데, 이 약속은 곧 그들에게 하신 것입니다. 그런데 이 약속은 9:7에서도 "생육하고 번성하며 땅에 편만하여 그중에서 번성하라"고 다시 한 번 상기시켜 주시는 것으로 나옵니다. 아담에게 말씀하셨던 것과 똑같은 내용이 여기에도 나타나고 있습니다. 하나님께서 아담에게 가지셨던 것과 똑같은 관심을 노아와 그 자손에게도 가지셨던 것을 보여 주는 것입니다. 이것은 노아와 그 아들들에 대한 명령이고 또한 약속과 축복입니다. 그러면 이 재생산에 대한 하나님의 뜻이 아담에게, 그리고 노아와 그 아들들에게 하신 것으로만 끝났습니까? 아닙니다. 그 후에도 이것은 계속 지속됩니다.

　노아로부터 그의 아들들로, 다음에 그의 손자들로, 또 그의 증손들에게로 이렇게 세대가 지나면서 사람들이 갈수록 번성하여 갔습니다. 그러는 가운데 그들 중에 진정으로 하나님을 경외하며 순종하는 사람들은 점점 줄어들었으며, 세월이 갈수록 인간들은 더욱 교만해져서 하나님을 대항해서 바벨탑을 쌓는 등 감히 하나님 앞에서 인간의 능력을 과시하고 인간의 연합된 힘으로 하나님을 대적하려고 하는 상황이 되었습니다. 이러한 때에 하나님께서는 언어를 혼잡케 하심으로 그들을 온 지면에 흩으신 후에 그들 중에 한 사람을 택하셨습니다. 그 한 사람은 하나님을 사랑하며 하나님 앞에 충성된 믿음을 가진 사람이었습니다. 이 사람은 바로 창세기 12:1-4에 나오는 아브라함이었습니다. 하나님께서 아브라함에게 나타나서 그를 축복하시면서 이렇게 말씀하셨습니다.

> 내가 너로 큰 민족을 이루고 네게 복을 주어 네 이름을 창대케 하리니 너는 복의 근원이 될지라. 너를 축복하는 자에게는 내가 복을 내리고 너를 저주하는 자에게는 내가 저주하리니, 땅의 모든 족속이 너를 인하여 복을 얻을 것이니라. (2-3절)

이런 놀라운 약속을 받을 때의 아브라함의 나이는 75세였습니다. 우리 주변에 계신 75세 된 분들을 생각해 보십시오. 그들에게 무슨 꿈이 있습니까? 그들의 감정은 어떠합니까? 아직도 남아 있는 생의 목표가 있습니까? 대체로 75세 정도가 되면 직업에서만 은퇴한 것이 아니라 생의 꿈으로부터도 은퇴하고 있습니다. 관심의 방향이 미래에서 과거로 바뀌고 있지 않습니까? 양지쪽에 쭈그리고 앉아 옛날 이야기하는 데에 사로잡혀 있지는 않습니까? 그들 중에 혹시 여유 있는 노인들이 있다면 자기 묏자리로 좋은 명당자리가 없을까 하고 찾아다니고 있지는 않습니까? 그런 나이의 아브라함을 불러서 하나님은 엄청난 약속을 해주셨습니다. 그에게 복을 주셔서 그가 복의 근원이 될 것이며 그를 통해서 큰 민족이 생길 것이고 땅의 다른 민족들도 그를 인하여 복을 얻을 것이라는 놀라운 약속을 그에게 주신 것입니다. 그런데 이것은 바로 하나님께서 처음에 아담에게 가지셨던 관심이며, 또한 노아에게 가지셨던 관심이고, 그 이후에도 계속 변치 않고 지속되는 하나님의 관심이며 약속이고 뜻인 것입니다.

창세기 13:16에도 "내가 네 자손으로 땅의 티끌 같게 하리니 사람이 땅의 티끌을 능히 셀 수 있을진대 네 자손도 세리라"고 하신 말씀이 있습니다. 다시 말하면 셀 수 없을 만큼 자손이 번성할 것을 약속해 주신 것입니다. 자식처럼 같이 지내던 롯도 독립하여 떠나고 슬하에 한 명의 자녀도 없이 낯선 땅에서 살고 있는 늙은 아브라함을 상상해 보십시오. 그에게 주신 하나님의 약속이 얼마나 엄청난 축복인가를 깊이 묵상해 보십시오. 창세기 15:5에 보면 "그를 이끌고 밖으로 나가 가라사대 '하늘을 우러러 뭇 별을 셀 수 있나 보라.' 또 그에게 이르시되 '네 자손이 이와 같으리라'"고 하였습니다. 그때 아브라함은, '내가 왜 이러지? 나이가 드니까 별 이상한 일도 다 있네. 웬 헛것이 다 보이고 헛소리도 들리는구나. 이제 인생을 마감할 때가 가까워졌나 보다'라고 의심하지 않았습니다. 오히려 그는 이런 상황에서도 하나님을 믿었습니다. 6절에 보면 "아브람이 여호와를 믿으니 여호와께서 이를 그의 의로 여기시고"라고 하였습니다.

지금은 하늘의 별들이 인간이 만든 도시의 수많은 밝은 등불들과 자욱하게 깔린 공해로 말미암아 아득히 멀리 희미하게 보일 듯 말 듯 하지만, 내가 어렸을 때만 해도 하늘의 별들이 긴 장대를 들고 휘두르면 짜르르 떨어질 듯 가깝고도 영롱하게 보였습니다. 이렇게 밝고 아름다운 별을 보고 어떤 이는 노랫말을 만들었고 어떤 이는 시를 썼습니다. 그러나 그렇게 아름답게 우리 가슴속에 파고들었던 별에 관한 시들도 사람에 대한 그리움이나 민족의 비애, 아름다운 동화 세계의 이상에의 동경으로 머물러 있을 뿐이지 아브라함처럼 별을 보고 하나님의 약속과 비전과 그 영광을 보지는 못했습니다.

아브라함은 이 약속을 그냥 어디서 지나가는 말처럼 또는 환청이나 암시적 화법으로 듣게 된 것이 아니었습니다. 하나님께서 친히 아브라함을 이끌고 밖으로 나가셨다는 사실에 주목할 필요가 있습니다. 그 과정을 장면마다 우리가 마음속에 한번 그려 보면, 하나님께서 자신의 관심을 얼마나 세세하고 구체적으로 아브라함의 마음속에 심어 주고 계시는가를 선명하게 깨닫게 됩니다. 하나님께서는 먼저 아브라함을 친히 밖으로 데리고 나가서 하늘을 바라보게 하셨습니다. 그렇게 하늘을 바라보고 있는 아브라함에게 하늘을 우러러 뭇 별을 셀 수 있나 보라고 하셨습니다. 틀림없이 아브라함은 불가능하다고 대답했을 것입니다. 그리고는 "네 자손이 이와 같으리라"는 하나님의 말씀을 들었습니다. 늙은 아브라함, 미래의 꿈이 없는 아브라함, 또 이미 아들을 생산할 수 없는 몸이 된 아내에 대해 상식적 이해를 가지고 있는 아브라함에게 "네 자손이 이와 같으리라"고 약속을 해주셨던 것입니다. 그런데 6절에 보면 아브라함은 이렇게 개인적으로 볼 때 불가능한 상황과 조건에서도 여호와 하나님을 믿었다고 하였습니다. 그리고 하나님은 그 믿음을 아브라함의 의로 여겨 주셨습니다. 믿을 수 없는 상황에서 하나님을 믿었기 때문에 그것을 그의 의로 여겨 주신 것입니다. 인간에게 하나님을 믿는 믿음보다 더 선한 일은 결코 없기 때문입니다.

우리도 지금 육신의 나이는 젊다 하지만 우리 자신을 볼 때 '내가 참으로 영적 자손을 재생산할 수 있을까?' 하는 의심이 생기고 믿음이 가지 않을 수 있습니다. 그러나 하나님께서 해주신 약속이기 때문에 아브라함처럼 우리도 그 약속을 믿어야 합니다. 약속을 하신 분이 곧 신실하신 하나님이시기 때문입니다. 그러면 우리의 믿음이 그 약속을 이룰 수 있는 우리의 의가 되는 것입니다. 여전히 반신반의하면서 그것은 어떤 특별하며 예외적인 그리스도인들에게만 해당되는 약속이라고 생각하지 말아야 합니다. 이 약속은 나에게도 해당되는 약속임을 믿어야 합니다. 이 믿음을 가진 사람을 하나님께서는 자기의 약속을 이룰 사람으로 합당히 여기시고 의롭게 여기시며, 그 사람의 생애를 통하여 영적 재생산이 풍성하게 이루어지게 해주시는 것입니다.

창세기 17:2,6-7 말씀을 보겠습니다.

내가 내 언약을 나와 너 사이에 세워 너로 심히 번성케 하리라.… 내가 너로 심히 번성케 하니 나라들이 네게로 좇아 일어나며 열왕이 네게로 좇아 나리라. 내가 내 언약을 나와 너와 네 대대 후손의 사이에 세워서 영원한 언약을 삼고 너와 네 후손의 하나님이 되리라.

이 말씀에서도 우리는 하나님이 주신 약속은 아브라함에게만 해당되는 것이 아님을 알 수 있습니다. 대대 후손의 사이에 세우신 영원한 약속입니다. 그러므로 이 약속은 아브라함과 같은 믿음을 가진 우리에게도 해당되는 것입니다. 갈라디아서 3:29, 4:28 말씀은 이것을 분명하게 보여 주고 있습니다. 우리가 그리스도께 속한 자이기 때문에 아브라함의 자손이 되었고 약속대로 유업을 이을 자가 되었으며, 비록 육신적으로는 이스라엘이 아닌 이방인이지만 믿음으로 그리스도 안에서 이삭과 같이 약속의 자녀가 된 것입니다.

또 아브라함에게 주신 하나님의 약속과 연관하여 히브리서 6:13-17 말씀을 보겠습니다.

하나님이 아브라함에게 약속하실 때에 가리켜 맹세할 자가 자기보다 더 큰 이가 없으므로 자기를 가리켜 맹세하여 가라사대, "내가 반드시 너를 복 주고 복 주며 너를 번성케 하고 번성케 하리라" 하셨더니, 저가 이같이 오래 참아 약속을 받았느니라. 사람들은 자기보다 더 큰 자를 가리켜 맹세하니 맹세는 저희 모든 다투는 일에 최후 확정이니라. 하나님은 약속을 기업으로 받는 자들에게 그 뜻이 변치 아니함을 충분히 나타내시려고 그 일에 맹세로 보증하셨나니.

이 말씀에서 설명하고 있는 것처럼 하나님께서 아브라함에게 하신 약속은 단순한 약속이 아니라 맹세로 약속해 주신 언약입니다. 하나님의 언약은 변치 않는 것입니다. 우리가 무엇이기에 하나님께서 약속을 맹세와 더불어 해주셨는지 그 은혜가 너무도 크지 않습니까? 또 한편 우리가 얼마나 부족한 믿음을 가졌으면 우리를 믿게 하기 위해 맹세로 약속을 보증하여 주시겠습니까? 이 약속이 아직도 나와는 무관하게 생각됩니까? 아담에게 한 약속, 노아에게 한 약속, 그리고 아브라함에게 맹세로 보증하신 약속, 뿐만 아니라 그의 대대 후손에게 세우신 이 약속은 이제는 그리스도 안에서 아브라함의 자손이 된 우리에게도 해당되는 약속임을 믿어야 합니다.

또한 이 약속이 지속된다는 사실을 통해서 우리는 하나님의 일관성 있는 관심이 무엇인가 하는 것을 깨달아야 합니다. 또한 그것을 깨달았다면 이제는 내 생애도 그 약속과 연관된 삶이 되도록 사는 것이 당연함을 믿어야 합니다. 앞에서 살펴본 바 창세기 17:2의 "심히 번성케 하리라"고 한 이 약속은 자기 가족이나 자기 민족에 대한 약속으로만 끝나는 것이 아니라, 오히려 아브라함 안에서 같은 믿음을 가지고 있는 영적인 아브라함의 자손들에게 해당되는 것임을 우리는 믿을 수 있습니다. 우리의 영적 재생산은 "나라들과 열왕이 네게로 좇아 나리라"는 말씀처럼 세계가 복을 받는 결과를 가져오게 할 것입니다. 우리의 영적 눈을 크게 뜨고 하나님의 관심으로 세계를 내다보는 전망을 가져야 합니다. 이것이 바로 우리가 가져야 할 세계비전입니다. 그리고 이 세계비전의 성취는 우리의 영적 재생산으로 가능하게 됩니다. 영적인 아브라함의 자손인 우리가 아브라함처럼 믿을 때 이 약속이 나의 삶을 통해서도 가능하게 된다는 이 사실이 얼마나 놀랍고 감사한 것입니까?

창세기 21:5에 보면 아브라함이 100세의 늙은 나이에 이르렀을 때 하나님께서는 약속대로 아들을 주셨는데, 창세기 22장에서는 그 아들 이삭이 어느 정도 성장한 시기의 일에 대해 전해 주고 있습니다. 이삭이 커서 자기 의사 표현도 할 줄 알고 주변 상황을 잘 분별하며 하나님께 드리는 제사는 어떻게 지내는지에 대하여도 잘 알고 그런 것에 대해서 아브라함에게 질문할 줄도 아는 그런 나이가 되었습니다. 아브라함이 번제할 나무를 이삭에게 지우고 산을 오를 만큼의 힘을 가진 나이가 되었으니 정확한 나이는 모르지만 꽤나 성장한 때일 것입니다. 그런데 이렇게 노년의 아브라함이 모든 위로와 희망과 기쁨을 두고 살고 있는 그 아들 이삭을, 하나님은 모리아 땅 어느 산의, 하나님이 지시하시는 곳에 가서 번제로 드리라고 하셨습니다. 번제는 하나님께 드리는 제사의 한 가지로 제물인 동물을 통째로 불에 태우는 제사를 의미합니다. 100세가 되어 낳은 아들이 아니라 젊을 때 낳은 아들이라고 할지라도, 또는 독자가 아니라 흥부처럼 자식들이 수두룩하게 많다고 할지라도, 어떻게 이런 일이 가능하겠습니까? 아브라함의 순종은 과연 어떤 믿음의 기초 위에 세워진 것이기에 이를 가능케 했겠습니까? 절대적 순종, 무조건적 순종은 하나님의 무엇을 믿기에 행동화하는 것입니까?

이때 아브라함은 정신이 이상한 것도 비인간적인 감정을 가진 것도 결코 아닙니다. 오직 하나님의 인격과, 이삭과 관련된 하나님의 약속을 온전히 믿었기 때문에 이삭을 바친 것입니다. 오직 이삭만이 하나님의 약속의 상속자가 되어야 한다고 말씀하신 분이 곧 신실하신 하나님이시기 때문에 아브라함은 이 약속을 확실히 믿을 수 있었으며, 또 만일 이삭을 번제의 과정을 통과하게 할지라도 그 약속으로 인해 하나님이 다시 살리실 것을 믿고 있었기 때문입니다. 물론 하나님께서는 이삭 대신 숫양을 하나 예비하셔서 대신 죽게 하고 이삭은 살리셨습니다. 이런 놀라운 일이 있고 나서 다시금 하나님께서는 아브라함에게 축복과 약속을 반복하여 주시는데 그 내용이 바로 창세기 22:17-18 말씀입니다.

내가 네게 큰 복을 주고 네 씨로 크게 성하여 하늘의 별과 같고 바닷가의 모래와 같게 하리니, 네 씨가 그 대적의 문을 얻으리라. 또 네 씨로 말미암아 천하 만민이 복을 얻으리니, 이는 네가 나의 말을 준행하였음이니라.

똑같은 약속을 하나님이 계속 상기시키고 계시는 것입니다. 처음에는 믿음 때문에 이 약속이 주어졌고, 다음에는 순종으로 인하여 이 약속이 그에게 확인되었던 것입니다. 그리고 그 자신뿐만 아니라 천하 만민이 이 아브라함의 믿음 때문에 복을 받게 되리라고 약속하고 계시는 것입니다. 그렇다면 아브라함의 다음 대에는 어떻게 되었습니까?

창세기 26:4,24 말씀을 살펴보겠습니다.

"네 자손을 하늘의 별과 같이 번성케 하며 이 모든 땅을 네 자손에게 주리니 네 자손을 인하여 천하 만민이 복을 받으리라."… 그 밤에 여호와께서 그에게 나타나 가라사대, "나는 네 아비 아브라함의 하나님이니 두려워 말라. 내 종 아브라함을 위하여 내가 너와 함께 있어 네게 복을 주어 네 자손으로 번성케 하리라" 하신지라.

과거에 이삭의 아버지 아브라함 때에도 흉년이 들어서 아브라함이 가족들을 이끌고 애굽으로 내려갔다가 여러 우여곡절을 겪은 후 다시 약속의 땅으로 돌아온 적이 있었습니다. 그런데 그것과 아주 유사한 일이 창세기 26:1-2에 그 아브라함의 아들 이삭에게도 일어났습니다. 견디기 어려운 흉년이 들었습니다. 이삭도 흉년을 피하여 그랄로 갔습니다. 아마도 그 이후 상황이 더 나빠지면 애굽까지 내려갈 생각이었던 것 같습니다(창세기 26:2 참조). 그때 하나님께서 이삭에게 "애굽으로 내려가지 말고 내가 네게 지시하는 땅에 거하라"고 말씀하셨습니다. 이 말씀의 내용은 이삭도 이미 잘 알고 있는 것이 아니겠습니까? 자기 집안일이었고 자기 아버지 때에 있었던 일이었기 때문에, '그 같은 실수를 너는 결코 되풀이하지 말라고 하나님께서 경고하시는구나' 하고 잘 알고 있었을 것입니다.

그리고 26:3에 "이 땅에 유하면 내가 너와 함께 있어 네게 복을 주고, 내가 이 모든 땅을 너와 네 자손에게 주리라. 내가 네 아비 아브라함에게 맹세한 것을 이루어"라고 약속하셨습니다. 아브라함의 아들인 이삭에게도 이 약속이 똑같이 이어지고 있습니다. 이렇게 이삭에게도 이 약속이 이어지고 있다고 하는 것은 하나님의 관심은 일관되게 변함이 없다고 하는 것을 보여 주는 것입니다. 이삭을 통한 믿음의 후손들의 재생산과 메시야에 대한 약속과 축복을 새롭게 상기시키시는 것입니다.

지금까지 아브라함뿐만 아니라 아들 이삭에게도 어떻게 그 약속이 이어지고 있는지 살펴보았는데, 다음에 아브라함의 손자인 야곱에게는 어떤 약속이 주어졌는지 보겠습니다. 창세기 28:3에 보면 "전능하신 하나님이 네게 복을 주어 너로 생육하고 번성케 하사 너로 여러 족속을 이루게 하시고"라고 하였습니다. 여기에서 "네게"는 야곱을 가리키는 것입니다. 이 말씀은 야곱이 그의 아버지 이삭으로부터 축복을 받는 내용입니다. 야곱이 그의 형 에서를 두려워하여 자기 집을 떠나서 외삼촌 라반의 집으로 가고자 할 때 이삭이 그에게 축복한 내용입니다. 이삭은 아버지 아브라함에게 주어진 약속이 자기의 것으로 이어졌고 그 똑같은 약속이 이제는 야곱의 것이 된 것을 알고, 마치 유산을 자식에게 전달해 주듯이 영적 유산인 재생산의 축복을 야곱에게 유산으로 전달해 주었던 것입니다. 그리고 야곱은 그 축복의 약속을 가지고 길을 떠났습니다.

창세기 28:10-15에서는 야곱이 외삼촌 라반의 집으로 가는 중에 루스라는 곳에 이르러 해가 지므로 돌을 취하여 베개하고 누워 자고 있을 때, 꿈에서 하나님이 친히 나타나셔서 야곱에게 직접 그 약속을 말씀하시는 것을 볼 수 있습니다. 이 약속은 그의 조부와 부친을 통해 전달되었기 때문에 야곱은 이미 알고 있는 약속이었습니다. 그러나 하나님은 친히 야곱에게 나타나셔서 다시 그 약속을 상기시켜 주심으로 약속의 가치와 그 중요성을 직접 본인에게 확인시켜 주신 것입니다. 그러므로 이 약속은 조상으로부터 물려받은 것일 뿐만 아니라 하나님께서 야곱 개인에게 직접 주신 약속인 것입니다. 이로 인하여 야곱은 믿음의 후손의 재생산과 거할 땅과 메시야를 통한 축복의 약속을 견고히 믿고 베개로 삼던 돌을 기둥으로 세우고 땅 이름을 벧엘이라 이름하고 하나님께 서원하였습니다.

그 후 야곱은 피신지인 외삼촌 라반의 집에서 14년 동안이나 자기 뜻과는 달리 결과적으로 라반의 두 딸을 얻기 위해 종살이를 했고 라반의 양떼를 위하여 6년을 봉사하였으나 품값을 열 번이나 변역당하는 등 참으로 억울하고 험한 삶을 경험하였습니다(창세기 31:41 참조). 그러던 어느 날 하나님께서 야곱에게 지시하시기를 "네 조상의 땅 네 족속에게로 돌아가라. 내가 너와 함께 있으리라"(창세기 31:3)고 하셨고 야곱은 이 말씀대로 다시 고향 땅으로 돌아왔습니다. 그 후 몇 년의 세월이 흐른 후 야곱이 가족과 함께 벧엘에 갔을 때 하나님께서 다시 야곱에게 나타나셨습니다. 이때에 하나님께서 그 약속하신 것을 또 반복하여 확약하신 것이 창세기 35:11의 내용입니다.

나는 전능한 하나님이니라. 생육하며 번성하라. 국민과 많은 국민이 네게서 나고 왕들이 네 허리에서 나오리라.

그 조상들에게 주어졌던 똑같은 약속과 축복이 지금 야곱에게 전달되고 있는 것을 볼 수 있습니다. 그래서 야곱은 이 약속을 믿는다는 표시로 하나님이 자기와 말씀하시던 곳에 돌기둥을 세우고 거기에 전제물을 붓고 또 그 위에 기름을 붓고 그곳의 이름을 벧엘이라고 불렀습니다. 벧엘은 하나님의 집이라는 뜻입니다. 이곳은 야곱에게는 일평생 잊을 수 없는 신앙적 체험을 하고 놀라운 약속을 받은 특별한 장소였습니다.

그러면 이제 이 약속과 축복은 야곱에게서 끝난 것입니까? 결코 그렇지 않습니다. 출애굽기 1장은, 세월이 흘러서 야곱도 세상을 떠났고, 그의 아들 요셉도 세상을 떠났으며, 요셉 시대의 그 민족들도 다 세대가 바뀌었으며, 요셉을 신임하고 이해하던 애굽 왕도 사라지고 새로운 왕으로 바뀐 그런 즈음에 있던 일을 전하고 있습니다. 출애굽기 1:7에 보면 "이스라엘 자손은 생육이 중다하고 번식하고 창성하고 심히 강대하여 온 땅에 가득하게 되었더라"고 기록되어 있습니다. 이 내용은 곧 오래 전에 아브라함에게 주셨던 하나님의 약속이 이루어져 가고 있는 과정을 보여 주는 것입니다. 이것은 물론 완성은 아니고 과정이었습니다. 처음 애굽으로 내려온 야곱의 혈속이 모두 70명이었는데, 애굽 땅에 머물러 있던 430년 동안(출애굽기 12:40) 하나님은 그 약속을 신실하게 지켜 주심으로 출애굽할 때 이스라엘 민족의 수가 아이들과 여자들 수를 제외하고 장정들의 수만 60만 명가량이었습니다(출애굽기 12:37). 그러므로 모든 인구를 합하면 아마도 200만 명 이상이 되었을 것으로 짐작됩니다.

요셉을 알지 못하는 새 왕은 이스라엘 자손이 애굽 백성보다 더 많고 더 강성함을 알고 큰 근심과 두려움이 생겼습니다. 이러다가는 만약 다른 나라와 전쟁이라도 일어나면 이스라엘이 그들 대적과 연합하여 자기들과 싸우고 애굽 땅을 떠나가면 어떻게 할까 염려하였습니다. 그래서 이스라엘로 더 이상 번성치 못하게 하려는 묘책으로 그들에게 더욱 심한 노역과 학대를 가했습니다. 그러나 온갖 고역과 괴로움을 가해도 오히려 이스라엘 백성은 더욱 번식하고 창성하여 갔습니다.

그러자 애굽 왕은 산파를 시켜서 이스라엘 여인들이 해산할 때 남자 아이면 모두 죽이라고 명령했습니다. 그러나 산파들이 하나님을 두려워하여 왕의 명을 어기고 남자 아이를 살렸습니다. 히브리 여인들은 애굽인과 달라 건장하여 해산기가 있다는 소식을 듣고 산파가 가면 그들은 이미 해산을 하였다고 변명을 했습니다. 하나님은 산파들에게 은혜를 베풀어 주셨고 이스라엘 백성들은 생육이 더욱 번성하고 심히 강대해져 갔습니다.

애굽 왕은 더 강퍅하여 악에 받쳤습니다. 이제는 태어나는 남자 아기들을 하수에 던져 버리라고 명령을 내렸습니다. 그리하여 모세가 등장하게 되었습니다. 모세 또한 신명기 10:22에서 이스라엘 백성들에게 권면의 말씀을 전하는 중 "애굽에 내려간 네 열조가 겨우 70인이었으나 이제는 네 하나님 여호와께서 너를 하늘의 별같이 많게 하셨느니라"고 아브라함의 약속을 인용하며, 이 약속은 자기에게 주신 약속이며 또한 이스라엘 민족에게 주신 약속임을 나타내고 있습니다.

출애굽 이후 전개되는 이야기의 전체 내용은 바로 하나님의 인도하심을 따라 그 약속의 민족이 이제는 그 약속을 더욱 적극적으로 경험하게 하기 위해 가나안 땅으로 옮겨 가는 과정에 대한 내용입니다. 그리고 가나안 땅에 도착한 이후에도 여전히 하나님은 같은 약속을 반복하여 일관성 있게 이야기하고 계십니다. 여호수아 24:3에서 여호수아는 백성들 앞에서 "내가 너희 조상 아브라함을 강 저편에서 이끌어 내어 가나안으로 인도하여 온 땅을 두루 행하게 하고 그 씨를 번성케 하려고 그에게 이삭을 주었고"라고 약속의 말씀을 회상시키면서 백성들을 깨우치고 있는 것을 볼 수 있습니다. 이로 보건대 여호수아 자신도 약속에 대한 믿음이 분명함을 알 수 있습니다. 또한 이 약속이 그와 그 후대에도 지속되기를 원하기 때문에 백성들에게 약속을 일깨워 주고 있는 것입니다.

세월이 더 많이 흘러간 후의 다윗 시대를 살펴보겠습니다. 다윗은 한때 위급한 가운데 도망 다니다가(사무엘상 21, 22장

참조) 블레셋의 가드 왕 아기스에게 갔습니다. 그러나 아기스의 신하들이 다윗을 알아보자 그는 가드 왕 아기스를 심히 두려워하여 대문짝에 그적거리고 침을 수염에 질질 흘리면서 미치광이 흉내를 내었습니다. 그 연기력이 얼마나 뛰어난지 그들은 완전히 속아 넘어갔습니다. 그곳을 떠난 다윗은 아둘람이라는 한 요새지의 굴로 도망하였습니다. 스스로를 생각할 때 얼마나 마음이 낙담이 되며 창피하고 자존심 상하는 일이겠습니까? 모든 것을 포기하고 싶은 마음이 들든지, 환경이나 사람, 더 나아가서 하나님까지 원망하고 싶은 처지가 아니겠습니까? 수많은 그리스도인들이 이런 상황을 당한다면 아마도 자신을 부정적 방향으로 내던져 버릴 가능성이 많습니다.

그러나 다윗의 믿음에서 놀라운 사실을 발견하게 됩니다. 이 희망이 없어 보이는 어둡고 음습한 굴속에서 다윗은 "주여, 내가 만민 중에서 주께 감사하오며 열방 중에서 주를 찬송하리이다. 대저 주의 인자는 커서 하늘에 미치고 주의 진리는 궁창에 이르나이다. 하나님이여, 주는 하늘 위에 높이 들리시며 주의 영광은 온 세계 위에 높아지기를 원하나이다"(시편 57:9-11)라고 찬송했습니다. 누가 감히 참담한 처지의 어두운 굴속에서 이 같은 찬양을 할 수 있겠습니까? 다윗처럼 하나님의 약속을 믿는 사람에게 가능한 것입니다. 그는 이 찬양을 통해 이스라엘의 왕으로서의 제한된 꿈만 꾸고 있는 것이 아니었습니다. 아브라함의 약속과 같이 만민을 내다보고 열방의 나라들 및 온 세계를 내다보는 비전을 가지고 있는 사람이었습니다. 온 세계로 그리스도를 믿는 믿음의 영적 재생산이 확장되어 나갈 것을 내다보는 비전을 가지고 믿음으로 하나님을 찬양하고 있었습니다.

역대상 16:23-24에는 다윗이 하나님의 언약궤를 다윗성으로 옮기는 것을 마친 후에 기뻐 찬양하는 내용이 있습니다. "온 땅이여, 여호와께 노래하며 그 구원을 날마다 선포할지어다. 그 영광을 열방 중에, 그 기이한 행적을 만민 중에 선포할지어다." 여기서 온 땅, 열방, 만민이라는 단어는 약속과 관계된 것입니다. 이스라엘의 구원이 한 민족에게 머물 것이 아니라 그리스도 예수 안에서 세계 만민, 모든 족속에게 배가되어 나갈 것을 의미하는 것인데, 이 놀라운 세계비전의 약속을 다윗과 그의 백성이 믿었던 것입니다. 이와 같이 하나님의 영적 재생산의 약속은 다윗에게까지 계속 연결되어 가고, 또 그 후에도 이 약속은 계속 이어지고 있는 것을 볼 수 있습니다. 하나님이 하신 계약이며 약속이기 때문에 하나님께서 친히 신실하게 이행하여 나가시는 것입니다. 인간의 노력이나 열정만으로는 이 약속의 지속과 성취는 가능할 수가 없습니다.

또 이 약속은 이사야 51:2에서도 다시 상기시키고 계시는 것을 볼 수 있습니다. 바벨론 포로 가운데 있는 이스라엘 백성들이 하나님의 택한 약속의 백성으로서 누릴 그 영광을 잃고 비참한 모습으로 살아가면서 점점 하나님의 의를 좇는 경건한 자들이 사라져 가고 있을 때, 그들의 조상 아브라함과 사라를 생각하여 보라고 하시며 아브라함의 약속을 되새기게 하신 것입니다. 아브라함이 혈혈단신으로 있을 때 부르시고 복을 주어 창성케 하신 것처럼, 하나님께서 그들도 같은 복을 누릴 것을 말씀하시고 아브라함의 약속으로 인하여 위로받고 희망을 얻고 새로운 동기를 얻도록 하신 것입니다. 애굽에게 포로 되었다가 해방되고, 다음엔 앗수르에게 포로로, 그리고 바벨론에 원통하게 잡혀가 있는(이사야 52:5) 이스라엘에게 진정한 위로는 무엇이겠습니까? 아브라함의 약속 안에서 인도받는 그들이기 때문에 반드시 포로에서 해방될 것이고 더 나아가 예수 그리스도 안에서 있을 영원하고 참된 해방을 얻을 것이라는 약속만이 그들에게 진정한 위로와 희망이 될 것입니다.

예레미야 33:22을 보면, "하늘의 만상은 셀 수 없으며 바다의 모래는 측량할 수 없나니, 내가 그와 같이 내 종 다윗의 자손과 나를 섬기는 레위인을 번성케 하리라"고 하였는데, 우리는 이 말씀에서도 동일하게 하나님께서는 메시아이신 그리스도를 믿는 자들의 무수한 영적 재생산의 축복을 약속하고 있는 것을 보게 됩니다. 이러한 약속이 주어졌던 시대 배경은, 이스라엘 민족이 주변 강대국에 의해서 패망하고, 백성들은 포로로 잡혀가고, 앗수르 왕국이 들어섰다가 무너져 가면서 바벨론 왕국은 일약 강대국으로 발돋움하게 되는 격변기였습니다. 이 약속은 이런 과정에서 앞으로도 계속 그들이 포로로 잡혀 가고 계속 국운이 기울어 가는 시대 상황 속에서 주어진 것이었습니다. 그런 상황에서 이러한 약속이 그들의 정서와 감정에 무슨 의미가 있었겠습니까? 수많은 사람이 포로로 잡혀가고 혹은 죽임을 당하고 재앙이 그치지 않는 고통을 받으며 살아가는 아주 비참한 환경에서, 하나님은 여전히 "하늘의 만상은 셀 수 없으며 바다의 모래는 측량할 수 없나니, 내가 그와 같이 내 종 다윗의 자손과 나를 섬기는 레위인을 번성케 하리라"고 약속하셨던 것입니다. 언뜻 현실과 동떨어져 보이는 이 약속이 과연 무슨 의미가 있었겠습니까?

그러나 예레미야 29:5-6에 보면, 하나님께서는 바벨론에 포로로 잡혀간 자들에게, 그들이 비록 불순종으로 인해 징계를 받고 있으나 소망을 가지고 오히려 집을 짓고 거기 거하며 전원을 만들고 그 열매를 먹으며 더 나아가 자녀를 재생산하여 쇠잔하지 말고 번성케 하라고 명령하셨습니다. 이것은 단순한 인구의 팽창이 아니라 약속을 믿는 의로운 민족으로 확장될 것을 명하신 것입니다. 거짓 선지자들은 포로 생활로 조급해진 마음을 가진 백성들을 들쑤셔서 머지않아 해방될 것이라고 그들 입맛에 맞는 예언을 하였습니다. 그러나 예레미야는 그들에게 포로 생활이 70년이 찰 것이라고 말하면서 거짓 선지자들에게 속지 말라고 말합니다(예레미야 29:8-10 참조).

하나님의 약속은 때로는 너무나 멀게 느껴질 때가 있습니다. 그러나 이로 인하여 우리 믿음이 연단을 받게 되며, 이로 인하여 우리가 약속 성취의 과정을 경험하게 되는 것이며, 또한 이로 인하여 우리가 하나님의 진정한 관심은 재앙이 아니라 평안이며 우리의 장래에 소망을 주려는 것임을 배우게 되는 것입니다(예레미야 29:11 참조). 그러므로 우리는 주님의 때를 기다리며 약속이 성취될 것을 믿고 영적 자녀와 그 자녀의 자녀가 재생산되는 일에 헌신해야 합니다.

이사야 60:22에서는 "그 작은 자가 천을 이루겠고 그 약한 자가 강국을 이룰 것이라. 때가 되면 나 여호와가 속히 이루리라"고 하셨습니다. 우리는 이 말씀에서 한층 더 깊은 의미를 발견할 수 있습니다. 그것은 앞으로 오실 예수 그리스도 안에서 이루어질 새로운 영적 번성, 영적 재생산에 대한 약속을 우리에게 보여 주고 있습니다. "그 작은 자"란 바로 메시야이신 예수님을 가리키는 것입니다. 표면적으로는 이스라엘 민족을 가리키는 것이지만 궁극적으로는 바로 예수님을 의미합니다. 그리고 우리는 그 예수님 안에서 같은 약속, 즉 영적 재생산의 약속을 축복의 유산으로 받게 된 것입니다. 그래서 처음에 아담에게 주어졌던 약속(창세기 1:28), 또 노아에게 주신 약속(창세기 9:1), 또한 아브라함과 이삭과 야곱에게 주신 약속이 예수 그리스도에게서 이루어졌으며, 더욱 예수님 안에서 오늘날 우리에게까지 이어져서, 이제 우리를 통해서 복음의 사역으로 말미암아 그리스도 안에서 천을 이루겠고 강국을 이룰 것이라고 약속하고 있습니다. 이것은 실로 놀라운 일입니다. 우리는 이 사실을 결코 가볍게 여길 수 없습니다. 우리는 먼저 이 엄청난 일이 나하고 관계되어 있으며, 그 영적 유산이 나에게 전달되었다는 것을 지금 믿어야 합니다.

마태복음 28:19에 보면 "그러므로 너희는 가서 모든 족속으로 제자를 삼으라"고 하셨는데, 이것은 바로 예수 그리스도 안에 있는 이 약속을 성취하기 위해서 우리가 구체적으로 실천해야 할 사명을 말씀하신 것입니다. 사도행전 1:8 말씀은 바로 이러한 약속이 우리에게 이루어지도록 하기 위해서 성령께서 우리 마음속에 들어오신 것을 보여 줍니다. 그래서 우리가 믿음으로 예수님을 마음에 영접한 사람이면 누구든지 성령님을 또한 모신 것입니다. 예수님을 영접한 것은 삼위의 하나님을 동시에 마음에 모신 것입니다. 성령님께서는 우리를 거듭나게 할 뿐만 아니라 또한 예루살렘과 온 유대와 사마리아와 땅 끝까지 이르러서 영적 재생산의 역할을 감당하도록 능력을 주셨습니다. 이것이 우리에게 주신 그리스도의 지상사명입니다. 이것은 아담 이후에 아브라함과 그 자손 대대로, 그리고 그리스도 안에서 영적 자손인 오늘날의 우리에게까지 주어진 영적 재생산의 약속과 축복입니다.

> 너희가 그리스도께 속한 자면 곧 아브라함의 자손이요 약속대로 유업을 이을 자니라. (갈라디아서 3:29)

아브라함에게 주신 약속의 중심이 그리스도 예수시기 때문에, 이제는 육체를 따라 난 자손이 아브라함의 자손이 아니라, 그리스도께(갈라디아서 3:16) 속한 거듭난 믿음의 사람들이 곧 진정한 아브라함의 자손이요 약속대로 유업을 이을 자가 되었습니다. 그러므로 갈라디아서 4:28 말씀처럼 "형제들아,

너희는 이삭과 같이 약속의 자녀라"고 한 놀라운 축복을 얻게 된 것입니다. 지금까지 인류 역사에 있었던 어떤 보배로도 비교할 수 없는 가장 가치 있는 보배, 또 가장 자랑스러운 특권을 얻은 것입니다. 갈라디아서 3:7에서도 "그런즉 믿음으로 말미암은 자들은 아브라함의 아들인 줄 알지어다"라고 그리스도 안에서의 우리의 신분을 극명하게 확인시켜 주십니다. 갈라디아서 3:14에서 "이는 그리스도 예수 안에서 아브라함의 복이 이방인에게 미치게 하고, 또 우리로 하여금 믿음으로 말미암아 성령의 약속을 받게 하려 함이니라"고 한 말씀처럼, 우리는 믿음으로 성령님을 우리 속에 모시게 되었고, 이로 인하여 성령의 능력과 지혜와 성령의 인도하심을 받게 되고 또한 성령의 열매를 맺는 것입니다. 그러므로 로마서 4:21과 같이, 약속하신 그것을 또한 능히 이루실 줄을 확신하게 된 것입니다.

요한계시록 7:9 말씀에서는 이 약속이 과연 궁극적으로는 어떻게 성취되는가를 생생하게 보여 주고 있습니다.

이 일 후에 내가 보니 각 나라와 족속과 백성과 방언에서 아무라도 능히 셀 수 없는 큰 무리가 흰 옷을 입고 손에 종려가지를 들고 보좌 앞과 어린양 앞에 서서.

조금 전까지의 모든 말씀은 과거에 일어난 일입니다. 사도행전 1:8의 말씀도 과거에 이미 이루어진 일입니다. 그런데 지금 요한계시록 7:9의 말씀은 오늘날 이 땅에 살고 있는 우리

시대 이후의 미래에 일어날 일인데, 거기에도 똑같이 하나님의 약속을 기록하고 있는 것입니다. "각 나라와 족속과 백성과 방언에서 아무라도 능히 셀 수 없는 큰 무리가 흰 옷을 입고 손에 종려가지를 들고 보좌 앞과 어린양 앞에 서서" 예배하고 찬양을 드리는 그런 모습이 여기에 나타나 있습니다. 흰옷은 의로움을 의미하는 것이고 종려가지는 승리를 의미하는 것입니다. 그리스도를 믿음으로 말미암아 의롭게 되었고 성령의 약속을 따라 믿음으로 순종하며 영적 재생산의 삶을 사는 데 승리한 사람들이 종려가지를 들고 하나님의 보좌 앞에 서서 우리를 구원하심과 하나님의 영광과 존귀와 능력과 지혜를 찬양하고 감사하는 예배를 우리 주님께 드리는 모습을 그리고 있습니다. 이것은 얼마나 아름답고 거룩한 광경입니까?

지금까지 인류 역사에 있었던, 그리고 교회 역사에 있었던 어떤 예배에서도 경험해 보지 못했던 엄청난 감격과 거룩함과 장엄함, 그리고 뜨거운 감사와 넘치는 기쁨으로 주님께 경배드리는 모습을 볼 수 있습니다. 하나님의 약속을 따라 열방 가운데서 영적 재생산을 통해 이루어진 셀 수 없는 큰 무리가 만만의 천사들이 부복하고 있는 보좌 앞에서 주님께 경배드리는 감격의 이때가 곧 우리에 대한 하나님의 놀라운 약속의 궁극적 목적이 성취되는 때입니다. 이때를 생각하면 할수록 나의 무릎이 이 순간 자연스럽게 꿇어지게 되고, 나 자신을 이 약속을 위해 헌신하는 마음이 자발적으로 생기게 되는 것입니다.

비전이란 무엇입니까? 그리스도 안에 있는 하나님의 약속이 성취되는 모습을 보는 것입니다. 하나님께서 주신 약속 안에서의 우리의 삶의 목표가 주님 안에서 어떻게 성취되는지 그 미래상을 보는 것입니다. 로마서 15:9-12에서, "이방인으로 그 긍휼하심을 인하여 하나님께 영광을 돌리게 하려 하심이라. 기록된바 '이러므로 내가 열방 중에서 주께 감사하고 주의 이름을 찬송하리로다' 함과 같으니라. 또 가로되 '열방들아, 주의 백성과 함께 즐거워하라' 하였으며, 또 '모든 열방들아, 주를 찬양하며, 모든 백성들아, 저를 찬송하라' 하였으며, 또 이사야가 가로되 '이새의 뿌리 곧 열방을 다스리기 위하여 일어나시는 이가 있으리니 열방이 그에게 소망을 두리라'"고 한 말씀처럼, 하나님의 약속이 어떻게 성취되는지의 생생한 그림이 말씀을 통해 믿음의 시야로 그려지는 것이 곧 비전입니다. 아브라함이 이삭을 통해 열방을 보는 비전을 가지고 있었던 것과 같이 내가 돕고 있는 한 사람을 통해 세계를 보는 비전을 가지고 있어야 합니다.

몇 명 안 되는 형제 자매들을 보면 자기 사역에 대해 힘이 빠질 수 있습니다. 그러나 눈에 보이는 그 작은 무리가 오히려 허상이고 그들을 통해 보는 세계비전이 실상인 것을 믿어야 합니다. 그렇습니다. 우리가 그리스도의 약속 안에서 전망하고 있는 비전은 확실한 실상입니다. 이 놀라운 비전 성취의 약속이 그리스도 안에서 나의 것이 된 것입니다. 내가 세상에서 어떤 교육을 받았든지, 어떤 직업과 지위를 가지고 있든지 상관없이 우리 모두는 비전 성취를 위해 영적 재생산에 우리 자신을 헌신해야 하는 것입니다. 이 가치는 영원한 가치이며 가장 영광스러운 가치이기 때문입니다.

로마서 11:25에 보면, "…이방인의 충만한 수가 들어오기까지 이스라엘의 더러는 완악하게 된 것이라"는 말씀이 있습니다. 이것은 이방인들에게 복음이 풍성하게 전파되어 그리스도의 몸 된 교회가 완성되는 충만한 수에 대하여 이야기하고 있는 것입니다. 온 세계의 나라들과 종족들 가운데의 그 충만한 수를 위해서, 열방을 향한 세계비전을 위해서, 몸 된 교회의 완성을 위해서, 오늘날 우리가 이 땅에 살면서 주님을 증거하며 주님께서 맡겨 주신 지상사명을 성취하는 영적 재생산의 사역을 감당하고 있는 것입니다. 우리가 언제부터 믿기 시작했든지, 나이가 얼마나 되었든지, 성격이 어떻든지, 또는 은사가 무엇이든 관계없이, 동일한 삶의 목표를 성령 안에서 받은 것입니다. 그것은 바로 세계비전 성취를 위한 영적 재생산입니다. 이것은 일시적으로, 혹은 어떤 특별한 몇몇 사람들에게나, 또는 어떤 특정한 선교 단체에게 한정된 국소적인 과업이 아닙니다. 이것은 아담 때부터 오늘날까지, 그리고 요한계시록 때까지 계속해서 이루어져야 할 것으로, 우리를 향한 하나님의 지속적인 뜻이며 약속이며 관심이라고 하는 것을 깨달아야 합니다.

그렇다면 이에 대해서 우리는 어떤 태도를 가져야 하겠습니까? 아브라함처럼 그 약속을 믿어야 하며, 또한 아브라함처럼 그 약속 성취를 위해서 순종해야 마땅합니다. 땅의 모든 족속이 믿음을 가진 아브라함 한 사람으로 인하여 복을 얻을 것이라는 것(창세기 12:2-3)은 얼마나 놀라운 약속입니까? 또 이 약속이 이제는 그리스도 안에서 나의 것이 되어 나를 인하여 땅의 모든 족속이 복을 얻게 된다는 것은 또 얼마나 엄청난 은혜와 축복입니까? 이 약속으로 인하여 우리가 그리스도의 시야로 세계를 보는 비전을 갖게 되었고, 모든 족속 가운데서 영적 재생산이 이루어지도록 우리 자신을 헌신하게 된 것입니다. 우리 자신이 열방의 복의 근원임을 믿고 구원의 복음을 전파하며 영적 재생산을 지속해야 합니다.

제 2 장
성경 속의
영적 재생산의 예들

성경 속의
영적 재생산의 예들

하나님의 약속에 대한 믿음을 가진 사람들이 성경에서 어떤 영적 재생산을 하였으며, 어떻게 영적 세대의 배가를 이루고 있는가를 말씀을 찾아서 그 예들을 살펴보겠습니다.

먼저, 디모데후서 2:1-2을 보겠습니다.

> 내 아들아, 그러므로 네가 그리스도 예수 안에 있는 은혜 속에서 강하고, 또 네가 많은 증인 앞에서 내게 들은 바를 충성된 사람들에게 부탁하라. 저희가 또 다른 사람들을 가르칠 수 있으리라.

이 말씀에서 우리는 영적 재생산의 체인이 어떻게 연결되고 있는가를 발견할 수 있습니다. 먼저 이 말씀을 전하고 있는 바울이 나옵니다. 그 다음에 그의 영적 아들인 디모데, 그리고 충성된 사람들, 그 다음에 다른 사람들, 그리고 그 다른 사람들에 의해서 오늘날의 우리에게까지 연결된 것을 보게 됩니다. 이 말씀을 읽는 우리 모두가 여기에 들어가는 것입니다. 이와 같이 하여 계속 영적 재생산이 이루어지고 있는 것을 볼 수 있습니다.

사도행전 18:1-3,24-28 말씀에도 이런 영적 재생산의 체인이 나옵니다. 여기 나오는 내용을 줄거리만 간략하게 이야기하겠습니다. 먼저 바울이 아굴라라고 하는 사람을 만났습니다. 그는 바울과 직업이 같은 사람이었으며 그의 아내는 브리스길라였습니다. 바울은 아굴라와 브리스길라를 도와 영적 재생산의 열매를 맺도록 해주었고 그들을 통해서 또 성경학자인 아볼로가 변화되어서 돌아왔습니다. 그 다음에 아볼로를 통해서 많은 유대인들이 그의 뛰어난 성경 지식과 설득력 있는 말을 통하여 변화되어 주님을 따르는 일이 일어난 것을 볼 수 있습니다. 이와 같이 여기에서도 바울이라는 위대하고 유명한 한 사람과 그를 추종하는 거대한 한 집단이나 큰 무리들의 형태로 그 사역이 끝난 것이 아니라, 바울과 한 개인, 또 그 개인과 또 다른 개인, 그리고 그 개인과 또 다른 개인이 영적으로 재생산을 이루면서 세대가 퍼져 나가는 것을 볼 수 있습니다.

외적으로 얼마나 많은 무리가 따르든 바울의 사역의 중추는 영적 재생산이었습니다. 하나님께서 생산치 못하는 수천만 명을 한꺼번에 지으시고 그들을 지구 각 곳에 배치하신다 해도 얼마간의 세월이 흐르면 다 사라지고 말 것입니다. 그러나 생산할 수 있는 아담과 하와 한 부부를 만드셨는데 그 결과는 어떻습니까? 그들의 생산과 재생산의 결과로 지금은 그동안 살다가 죽은 헤아릴 수 없는 사람들의 수를 빼고도 60억이 넘는 인구가 이 지구에 살고 있습니다. 몇 년 후면 곧 70억이 될 것입니다. 영적으로도 마찬가지입니다. 생산치 못하는 수만 명의 교인보다 영적 재생산을 할 수 있는 제자 몇 명이 오히려 하나님의 약속 성취를 가능하게 하는 것입니다.

고린도전서 1:1-2,5-8 말씀을 보면, 그리스도로부터 시작하여 바울, 그리고 그리스도의 증거가 견고케 된 고린도 교회 성도들, 그리고 그들을 통해 각처의 모든 신자들에게로 영적 재생산이 퍼져 나가는 것을 볼 수 있습니다.

또 골로새서 1:6-8 말씀을 보겠습니다. "이와 같이 우리와 함께 종 된 사랑하는 에바브라에게 너희가 배웠나니, 그는 너희를 위하여 그리스도의 신실한 일꾼이요 성령 안에서 너희 사랑을 우리에게 고한 자니라"(7-8절). 여기에는 사도 바울과 그의 팀이 있고, 그 팀 안에 에바브라가 있습니다. 그리고 에바브라로부터 골로새 교인들로 연결됩니다. 여기에 '너희'라고 표현된 것이 골로새 교인들입니다. 그리고 또한 그들을 통해 온 천하로(6절) 이렇게 계속 재생산이 퍼져 나가는 것을 볼 수가 있습니다.

마태복음 28:18-20에도 예수님, 제자(너희), 모든 족속의 제자들, 그리고 땅 끝의 헤아릴 수 없이 많은 믿는 사람들이 있습니다. 예수님께서 3년 동안 많은 사람들을 만나시고 가르치고 도와주셨지만, 큰 무리를 이끄시는 일에 대부분의 시간을 보내신 것이 아니라 12명의 제자들로 하여금 재생산할 수 있는 사람들이 되도록 밤낮으로 그들과 함께하며 집중적으로 그들을 훈련하셨고, 또 70명, 500명, 5000명, 그리고 또 부활 승천하신 후에 바울까지 모두 영적 재생산을 할 수 있는 사람으로 이끄셨습니다.

요한복음 1:40-45에 보면, 세례 요한이 안드레에게, 안드레가 베드로에게, 그리고 그 후에 베드로를 통해서 고넬료가 주님께로 돌아오고(사도행전 10장), 이렇게 하여 영적 재생산은 계속되어 나간 것을 봅니다. 또 같은 요한복음 1:40-45 내용 중 43-45절을 보면 예수님이 빌립에게, 그리고 빌립은 나다나엘에게 전하였습니다. 그리고 틀림없이 나다나엘을 통하여 또 다른 사람들에게로 영적 재생산은 지속되어 갔으리라 미루어 짐작해 볼 수 있습니다.

이런 모든 것은 실제로 신약성경에서 이루어진 내용들인데, 이것은 그들이 사역의 효능을 위해 전략적으로 이런 계획을 세워서 추진해 나간 것이 아니라, 아담에서부터 노아에게, 또한 아브라함에게, 이삭에게, 야곱에게, 또한 다윗과 이스라엘 민족에게, 예수님에게, 또 예수님의 제자들과 초대교회 성도들에게, 그리고 또 오늘날 우리에게, 이렇게 계속 영적 재생산이 이어지는 것이 하나님의 뜻이며 약속이라는 사실을 당시 하나님의 일꾼들이 믿었기 때문에 이러한 재생산의 사역이 끊임없이 이어져 가게 된 것입니다. 누구나 예수님을 영접하여 거듭나게 되면 새 생명을 얻게 됩니다. 그리고 이 새 생명은 생명력이 있기 때문에 이 생명력은 당연히 재생산을 이루게 되는 것입니다. 재생산은 인간의 의지로 억지로 되는 것이 아닙니다. 새 생명을 얻은 거듭난 사람의 자연스러운 현상인 것입니다.

디모데후서 4:11에 보면 "누가만 나와 함께 있느니라"고 기록되어 있습니다. 사도 바울과 함께 있었던 사람들 중 많은 사람이 떠났습니다. 그중에 어떤 이는 세상을 사랑해서 신앙을 버리고 떠난 데마 같은 사람도 있고, 또 10절과 12절에 보면 새로운 선교 임무를 위해서 떠난 사람들도 있었습니다. 긍정적인 동기로 떠난 사람도 있고 부정적인 동기로 떠난 사람도 있지만, 어쨌든 다 떠나고 사도 바울 주위에는 누가 외에는 아무도 없게 되었습니다. 그런 상황에서 디모데에게 부탁한 내용이 "네가 올 때에 마가를 데리고 오라"고 한 것이었습니다.

그런데 이 이야기를 비롯하여 사도 바울이 여러 경우에 말한 내용을 살펴보면, 무슨 수양회라든지 전도대회라든지 혹은 다른 어떤 훈련 프로그램 등에 대해서 이야기하고 있는 것이 아니라 곧 사람에 대하여 말하고 있는 것을 봅니다. 바울의 가슴속은 진실로 사람에 대한 관심으로 가득한 것을 볼 수 있습니다.

또 로마서 16장에서도 얼마나 많은 사람들에 대해 바울이 개인적 관심을 기울이고 있는지를 확인할 수 있습니다. 고린도전서 16:10 이후 말씀에서도, 골로새서 4:7 이후 말씀에서도, 또한 디도서, 빌레몬서에서도 각 사람에 대한 바울의 관심이 얼마나 지극한지를 찾아볼 수 있습니다. 골로새서 1:28에서도 그가 "각 사람을 권하고 모든 지혜로 각 사람을 가르침은 각 사람을 그리스도 안에서 완전한 자로" 세워 주려는 개인적인 관심 때문이라고 했습니다. 데살로니가전서 2:7-12에서도 바울은 어떤 기독교 프로그램이나 어떤 위원회나 연합회, 또는 큰 대중집회의 리더가 되는 데에 관심이 있었던 것이 아니라, 각 사람에게 부모와 같이 개인적 필요를 채워 주는 데 관심을 기울인 것을 볼 수 있습니다.

오늘날 기독교 안에 있는 우리의 문제는 개개인의 사람에 대한 관심보다는 활동이나 연합회 같은 여러 프로그램 등에 치우쳐 있다는 사실입니다. 아주 재미있는 프로그램을 많이 만들어야 많은 사람들이 찾아온다고 생각해서 그런지 여러 가지 흥미 있는 프로그램과 새로운 엔터테인먼트식 또는 상품화된 마케팅 전략적 영상과 음향을 통한 감동 제공, 혹은 신비적 분위기를 통한 감성적 자극에 얼마나 많은 연구와 투자를 하고 있습니까? 바울은 그렇지 않았습니다. 누가, 마가, 두기고, 디도, 디모데, 에바브라…. 이런 사람들의 이름과 그들의 필요와 그들의 상황과 계획들을 일일이 언급하면서 각 사람에 대하여 지극한 관심이 쏠려 있음을 봅니다. 우리는 지금 무엇에 주된 관심을 기울이고 있습니까? 사람입니까? 아니면 일입니까? 무엇을 위해 시간과 재정과 재능과 체력을 투자하고 있습니까?

누가복음 1:1-4에 보면 누가가 누가복음이라고 하는 엄청난 복음서를 쓰게 된 목적이 무엇이었는지를 밝히고 있습니다. 누가는 자신이 무슨 유명한 책의 저자가 되고 싶어서 이 누가복음을 쓴 것이 아니고 데오빌로라고 하는 한 사람 때문에 이 방대한 글을 썼다고 했습니다.

> 우리 중에 이루어진 사실에 대하여 처음부터 말씀의 목격자 되고 일꾼 된 자들의 전하여 준 그대로 내력을 저술하려고 붓을 든 사람이 많은지라, 그 모든 일을 근원부터 자세히 미루어 살핀 나도 데오빌로 각하에게 차례대로 써 보내는 것이 좋은 줄 알았노니, 이는 각하로 그 배운 바의 확실함을 알게 하려 함이로라. (누가복음 1:1-4)

이 데오빌로라고 하는 한 사람이 영적으로 변화되고 또 그를 통해서 재생산의 역사가 일어나도록 하기 위해서 이 누가복음을 기록했다고 하는 것은 참으로 놀랍습니다. 그러나 데오빌로에 대한 그의 개인적 관심이 데오빌로에게로만 끝난 것이 아니라, 그가 기록한 이 누가복음의 말씀이 오늘날 우리에게까지도 전해져 우리의 영적 재생산의 삶에 엄청난 영향을 주고 있다는 것입니다. 또한 사도행전 1:1-2에도, 누가가 사도행전을 쓴 목적도 누가복음을 쓴 목적과 같이 데오빌로에 대한 관심 때문임을 밝히고 있습니다.

이와 같이 한 개인을 위한 누가의 뜨거운 영적 관심을 통하여 우리는 한 사람에 대한 우리의 관심이 어떠해야 하는지를 배울 수 있습니다. 한 사람에 대한 깊은 관심은 결국 그 한 사람으로 끝나지 않고 그 한 사람을 통하여 영적 재생산이 더욱 폭넓게 확대되어 나가게 되는 것입니다.

지금 우리의 관심은 어디에 있습니까? 개척 사역을 할 때 한 명이나 두 명이 모임에 참석한다면 설교든 성경공부든 무엇이든지 아무것도 하기 싫을 정도로 실망이 클 수 있습니다. 지금의 자신이 너무나 초라하게 보일 수도 있습니다. 그러나 눈앞에 있는 그 한 사람을 통해 백 명이 보이고 천 명이 보이고 십만 명이 보이는 것이 영적 재생산의 비전인 것입니다. 한 사람을 통해 영적 세대가 배가되어 나가는 믿음을 가진다면 한 사람을 무시하지 않고 매우 귀중히 여기며 그를 돕는 일에 집중하게 됩니다.

여호와께서 증거를 야곱에게 세우시며

법도를 이스라엘에게 정하시고

우리 열조에게 명하사 저희 자손에게 알게 하라 하셨으니,

이는 저희로 후대 곧 후생 자손에게 이를 알게 하고

그들은 일어나 그 자손에게 일러서

저희로 그 소망을 하나님께 두며

하나님의 행사를 잊지 아니하고 오직 그 계명을 지켜서.

시편 78:5-7

곧 너와 네 아들과 네 손자로

평생에 네 하나님 여호와를 경외하며

내가 너희에게 명한 그 모든 규례와 명령을

지키게 하기 위한 것이며

또 네 날을 장구케 하기 위한 것이라.

신명기 6:2

제 3 장
육신의 세대를 통한 영적 재생산

육신의 세대를 통한 영적 재생산

내가 부모로서의 책임과 권위를 가지고 있고 내가 양육하고 있는, 그리고 내 인생의 대부분을 그들과 함께하고 있는, 나의 사랑하는 육신의 세대가 있습니다. 그런데 그들을 단지 끈끈한 육신의 관계로만 끝나지 않고 나의 영적 세대가 되도록 도움으로 그들을 통해서도 영적 재생산이 이루어지게 하는 것이 얼마나 가치 있고 영광스러운 일인가를 우리는 믿어야 합니다. 우리 중에는 아직 미혼인 형제 자매들도 많이 있지만 결혼한 형제 자매들도 많이 있고, 또 자녀들을 둔 형제 자매들도 많이 있습니다. 지금 자신이 어떤 위치에 있든지 자신의 장래를 내다보며 요엘 1:3의 말씀을 더욱 주의 깊게 생각해 볼 필요가 있습니다.

너희는 이 일을 너희 자녀에게 고하고, 너희 자녀는 자기 자녀에게 고하고, 그 자녀는 후 시대에 고할 것이니라.

여기에서 가리키는 "이 일"은 '주의 날'의 징조로 나타날 메뚜기 떼 및 그와 유사한 의미의 재앙과 또한 여호와의 긍휼하신 구원과 축복의 약속에 관한 모든 일을 의미하며, 이 사실을 자녀와 자녀의 후손에게 계속 고하라고 말씀하고 있는 것입니다. 이 말씀에서 명하는바 자녀에게 고하고 가르치라는 것은 영적인 자녀에게 해야 할 명령일 뿐만 아니라, 일차적으로는 자기 육신의 자녀들에 대하여도 마땅히 적용해야 할 내용입니다. 자녀에게 고하고, 또 그 자녀는 자기 자녀들에게 고하고, 그 자녀는 후 시대의 자녀에게 고하고, 그래서 육신의 자녀에게 계속 영적 교훈을 주고 훈련을 시켜서, 그들이 의롭게 변화되고 영적인 사람이 되어서 하나님이 어떠한 분이며, 또 그 안에 있는 축복은 무엇이고, 앞으로 일어날 일은 무엇이며, 또 앞으로 어떻게 살아야 할 것인가에 대하여 가르쳐 주라고 한 것입니다.

이 말씀을 통해서 하나님께서는 우리에게 자녀 교육에 필요한 것이 진실로 무엇인가를 잘 보여 주고 계십니다. 하나님이 원하시는 올바른 아버지와 어머니는 어떤 사람입니까? 자식을 세상적으로 똑똑하게 키워 모두를 영재나 천재로 만드는 것이 부모의 중요한 역할이 아니라 무엇보다 하나님을 잘 알고 하나님께 순종하도록 키우는 것입니다.

한국인들의 교육열은 가히 세계 최고에 이르고 있습니다. 옛날 양반들은 과거 시험에 합격해야 양반으로서의 제 구실을 잘할 수 있어 글공부에 생을 걸었고, 천민들은 차별된 신분 때문에 교육을 못 받아 교육에 한이 맺혔는데, 시대가 바뀌어 이제 교육의 기회가 누구에게나 오자 엄청나게 교육에 불이 붙게 되었습니다. 게다가 개화기 이후 "아는 것이 힘이다. 배워야 산다"는 슬로건과 계몽적인 노래로 교육열은 더욱 불붙게 되었습니다. 여기까지는 긍정적인 측면이 많았습니다.

그러나 일류학교를 나와야 더 출세하는 것이 현실이 되자 입시 문제가 심각하게 대두하였고 세월이 가고 또 가도, 그리고 교육부장관이 새로 바뀌고 또 바뀌어도, 확실한 입시 관련 문제의 해결책은 없이 많은 부작용만 일어나고 있으며, 이 교육이라는 가치 있는 일이 오히려 심각한 사회문제가 되었습니다. 사교육비가 너무 들어 부모들은 허리가 휘어지고, 자녀 교육 때문에 가족들이 서로 헤어져 사는 경우가 많아지면서 기러기 아빠라는 신종 용어까지 생겼습니다. 행복해야 할 가정이 교육 문제로 인해 깨지는 경우도 있고, 목숨을 포기하는 학생들 소식도 뉴스를 통해 자주 듣게 됩니다. 미국의 대학에서 박사학위를 받는 학생들 중 한국 학생들이 세계 최고 수준이지만, 우리 교육이 진정한 선진국 수준에 이르기에는 아직도 갈 길이 먼 것 같습니다. 높은 수준의 인적 자원을 개발하느라 엄청난 값을 지불해 왔습니다.

그러나 이것으로는 이 사회의 문제가 잘 해결될 수 없습니다. 세상적인 지식과 정보와 첨단기술 습득뿐만 아니라 지금부터는 오히려 영적 필요를 채워 주는 일이 시급한 우선순위임을 부모들은 인식해야겠습니다. 그것이 주님을 믿는 신앙을 가진 부모의 올바른 역할이며 책임입니다. 세상 교육은 100년도 못 되는 인생의 필요를 채워 주는 것이지만 영적 교육은 영원한 삶과 연관되어 있는 것입니다.

다윗은 자녀에 대하여 바로 이러한 관심을 가졌던 것을 보게 됩니다. 역대상 28:9에서 그는 자기를 이어 왕이 될 솔로몬에게 맨 먼저 이런 당부를 하고 있습니다.

> 내 아들 솔로몬아, 너는 네 아비의 하나님을 알고 온전한 마음과 기쁜 뜻으로 섬길지어다. 여호와께서는 뭇 마음을 감찰하사 모든 사상을 아시나니, 네가 저를 찾으면 만날 것이요, 버리면 저가 너를 영원히 버리시리라.

정치적인 식견이나 세상적인 지혜나 처세술 또는 경험을 통한 많은 실례들을 들려준 것이 아니라 솔로몬으로 하여금 오직 신앙적인 사람이 되도록 가르치고 있는 것을 봅니다. 이것이 바로 우리가 우리 자녀를 위해 배울 올바른 교훈이 아니겠습니까? 우리의 아이들도 좀 더 관심을 가지고 잘 살펴보면, 그들은 능력 있고 똑똑한 엄마 아빠를 원하는 것이 아니라 영적인 엄마 아빠를 원하는 것을 보게 됩니다. 자녀들이 그렇게 말로 표현하지 않을지도 모르지만, 그들 속에서 역사하시는 하나님으로 말미암아 그런 것이 나타나고 있는 사실을, 실제로 우리들이 영적인 관심으로 그들을 돕다 보면 깨닫게 될 것입니다.

또 우리가 젊었을 때는 흔히 아내는 자기 남편이 능력 있는 사람이길 원합니다. 또 결혼 대상도 그런 사람을 찾습니다. 그러나 세월이 가고 나이가 들어 가면서 점점 우리 마음속에 뚜렷하게 떠오르는 이상형의 남편은 바로 신앙이 깊은 영적인 사람인 것을 깨닫게 됩니다. 나이 든 기혼자들이 다시 옛날로 돌아가서 결혼의 상대를 찾게 된다면 틀림없이 영적인 사람을 찾을 것입니다. 명석하고 똑똑한 배우자보다 영적인 배우자가 서로를 가장 행복하게 해주는 사람이라는 것을 알고 있기 때문입니다.

앞에서 언급한 요엘 1:3 말씀에도 영적 4대가 나오는 것을 보는데, 만약 우리가 육신의 자손들을 4대까지 영적인 세대가 되도록 하고 그들로 영적인 삶을 살 수 있도록 돕는다면, 우리는 진실로 하나님 앞에서 성공한 사람이 되는 것입니다. 다른 데서 전도 못하더라도 자기 자녀들로 하여금 하나님을 잘 믿고 순종하는 사람으로 키운다면 성공한 사람이 되는 것입니다. 우리 모두가 다 자기 자녀들을 주님의 제자로 키웠다고 생각해 보십시오. 그러면 앞으로 30년 후에 얼마나 많은 영적 배가가 이루어지겠습니까? 아브라함이 이삭 한 사람을 통해 세계를 내다본 것과 같이 우리도 자기 자녀를 통해 세계를 내다볼 수 있어야 합니다. 그러기 위해 우리 자녀가 거듭나고 주님의 제자로 성장하여 열매 맺는 사람이 되도록 도와야 합니다.

시편 78:5-7을 보겠습니다.

여호와께서 증거를 야곱에게 세우시며 법도를 이스라엘에게 정하시고 우리 열조에게 명하사 저희 자손에게 알게 하라 하셨으니, 이는 저희로 후대 곧 후생 자손에게 이를 알게 하고 그들은 일어나 그 자손에게 일러서 저희로 그 소망을 하나님께 두며 하나님의 행사를 잊지 아니하고 오직 그 계명을 지켜서.

하나님께서 이스라엘 민족에게 정해서 전달해 주신 증거와 법도는 이스라엘 자손들이 자기만 알고 끝내는 것이 아니라 대대로 그 후손들에게 전달하여 알게 하라고 주신 것입니다. 그러므로 이스라엘은 대대손손 하나님의 증거를 교육을 통해 전승되게 해야 하고 전수시켜야 하는 것입니다. 그렇게 할 때 하나님의 위대하심과 크신 일들을 기억하고 하나님께 순종하여 자신과 후손과 민족과 열방이 하나님을 알고 믿으며 복을 받게 되는 것입니다. 그렇습니다. 우리가 해야 할 믿음의 일이란 우리와 우리의 후대, 그리고 후생의 자손, 그리고 그 자손 밑의 자손, 이렇게 계속 후대로 내려가면서 이 명령, 이 법도를 지킬 것을 가르치는 일입니다.

여기 보면 4대까지의 소망을 두면서 계명을 가르치는 것을 이야기하고 있습니다. 우리 모두가 다 자기의 영적 4대 혹은 영적 5대까지 만들 수 있다면 그리고 또 육신의 자손을 영적인 자손으로 4대 또는 5대까지 만들 수 있다면 우리는 가족에 대한 하나님의 명령을 정말 올바르게 준수하는 사람이 되는 것입니다. 우리가 자녀들을 위해 남겨 줄 가장 가치 있고 자랑스러운 유산이 있다면, 그것은 곧 영적 재생산의 비전이라는 유산입니다.

　우리가 우리 자녀들을 열심히 공부시켜 학교에서 1등 하고 많은 사람 앞에서 박수 받고 영재라고 인정받으며 똑똑하다고 칭송 듣고, 또 어쩌다 더 잘되어 온 동네에 소문도 나고 동네 어귀에 일류대에 합격했다는 플래카드가 걸리고 한다면 얼마나 영광스럽겠습니까? 또 성공한 엄마, 자식 잘 키운 부모라는 칭찬 반 질투 반의 소리를 들을 것입니다. 보통 세상 사람들은 그렇습니다. 그런데 하나님 앞에서 그런 것 가지고는 아무것도 자랑할 것이 없고, 오히려 그런 것만을 하나님 앞에서 내세웠다가는 오히려 주님의 얼굴을 대하는 순간 스스로가 부끄러워질 것입니다. 그러나 우리가 우리 자녀들에게 영적인 것을 심어 주면 세상에서는 자랑거리가 별로 없어도 그들은 영원한 승리를 하는 것입니다. 또 세상에서도 하나님이 그들

을 복 주시어 세상일도 더 잘되게 하실 것입니다.

사도 바울의 삶을 보면 실로 얼마나 놀랍습니까? 그는 성경에 나오는 인물 중 가장 존경하는 사람 중에 한 사람 아닙니까? 그런데 하나님께서 여러분 아들 중에 하나를 사도 바울과 같이 만드신다고 한다면 여러분은 어떻게 하겠습니까? "아멘!" 하겠습니까? 아니면 "아이쿠, 큰일 났네. 결혼도 안 하고 늘 감옥이나 가고 매 맞고 굶주리고 헐벗고…. 안 돼! 그럴 수는 없어!"라고 하겠습니까? 하나님께서 여러분 자녀를 세례 요한같이 만드신다고 한다면, "주여, 그것은 정말 영광입니다. 감사합니다. 아멘! 할렐루야!"라고 답하겠습니까? 아니면, "주님, 제 자식에게 다른 길을 제시해 주시길 비나이다. 찢어지는 심정으로!"라고 대답하겠습니까? 그렇지만 우리는 세례 요한을 매우 존경하지 않습니까? 바울 또한 우리가 얼마나 존경하며 얼마나 그의 삶을 배우려 하고 있습니까? 예수님은 우리 주님이시지 않습니까? 내가 목숨까지 아까워하지 않으면서 주님을 닮고 싶어 하는데, 그렇다면 예수님의 무엇을 닮고 싶어 합니까? 여우도 굴이 있고 공중에 나는 새도 깃들일 곳이 있는데 예수님은 머리 둘 곳이 없다고 하셨습니다(마태복음 8:20). 이러한 예수님처럼 살기 원합니까? 자기 자식을 교육할 때 예수님처럼 머리 둘 곳도 없는 사람이 되어도 좋다고 믿습니까? "그래도 영적인 사람이 되라. 바울같이 되고 예수님같이 되라"고 가르칠 수 있는 부모가 되어야 진짜 신앙을 가진 영적인 부모입니다.

그런데 실제로는 그렇게 하지 않는 부모들이 많습니다. 이런 식의 믿음을 가진 사람들로 구성된 기독교는 아무리 외형적으로는 엄청나게 거대한 몸집을 가졌다 할지라도 영적 재생산의 능력이 없기 때문에 무용지물이 되고 마는 것입니다. 우리가 주님의 말씀인 성경을 보면서 정말로 자기를 위해서는 보지 않고 남들을 위해서 보고 있는 사람들이 너무나도 많습니다. 내가 전도하고 내가 양육하는 사람을 위해서는 성경을 보는데, 자기 자식, 자기 손자를 위해서는 성경을 보지 않는 경우가 많습니다. 다른 사람들에게는 헌신을 가르치면서 자기의 육신의 자식과 손자에게는 세상적 성공을 더 기대하고 있지는 않습니까? 이런 것이 바로 아담 이래 주어진 하나님의 일관성 있는 관심이 우리를 통해 이루어지게 하는 데 가장 큰 장애물이 되고 있다는 것을 알아야 합니다. 우리 자녀들을 영적인 삶에 가장 우선순위를 두고 살도록 돕는다면, 하나님께서는 마태복음 6:33의 말씀도 또한 축복의 약속으로 우리 자녀들에게 주시는 것을 믿어야 합니다.

너희는 먼저 그의 나라와 그의 의를 구하라. 그리하면 이 모든 것을 너희에게 더하시리라.

제 4 장
영적 재생산을 위한 자질 및 조건들

영적 재생산을 위한
자질 및 조건들

1. 기 도

> 이때에 예수께서 기도하시러 산으로 가사 밤이 맞도록 하나님께 기도하시고, 밝으매 그 제자들을 부르사 그중에서 열둘을 택하여 사도라 칭하셨으니. (누가복음 6:12-13)

예수님은 하나님이시며 하나님의 본체이십니다. 오직 우리 죄를 위해서 인간의 몸을 입고 이 땅에 오시되 우리를 대신해서 십자가에서 우리 죄를 대속하시기 위해서 완전한 인간으로 오셨지만, 그분은 완전하신 하나님이십니다. 그런데도 불구하고 예수님께서는 사도들을 세우실 때에 밤이 맞도록 기도하셨다고 하였습니다. 왜냐하면 그들을 통해서 영적 재생산을 이루는 일은 너무나도 엄청난 하나님의 약속이고 계획이며 놀라운 가치이고 어떤 것과도 바꿀 수 없는 중요한 일이기 때문이었습니다. 그리고 또한 영적 재생산의 뜻은 하나님의 변함없는 관심이라는 것을 증거하기 위해서도 예수님은 이 일을 위해 기도하셨습니다. 그래서 그 열두 명을 세우기 위해 밤이 맞도록 기도하신 것입니다. 우리도 사역을 통해서 영적 재생산을 잘하려면 먼저 기도하는 사람이 되어야 합니다.

사무엘상 1:10-11에 보면, 한나가 자식을 달라고 정말 피눈물 나는 기도를 간절히 함으로 사무엘을 생산하게 됩니다. 우리도 사무엘 같은 그러한 영적 자녀를 달라고 한나처럼 간절히 기도해야 합니다. 예수님처럼, 또한 한나처럼, 기도하는 사람을 통해서 하나님께서 능력도 주시고 사람도 보내 주시는 것입니다. 가끔 선교 단체에 속한 지도자들 중에도 만나서 이야기하다 보면 참으로 답답할 때가 있습니다. 지금으로부터 약 30년 전에 했던 무기력한 이야기를 지금도 똑같이 하는 사람이 있습니다. "내가 선교를 담당하고 있는 캠퍼스는 너무나도 특이하여 사역하기가 어렵다." "거기는 학생들이 너무 지적이다." 아니면 "너무 지역적으로 외진 곳이다." 혹은 "캠퍼스가 멀리 있는데 학생들은 대부분 집이 서울이어서 공부만 끝나면 거의 다 서울로 가버린다. 그래서 캠퍼스에 남아 있는 학생들이 없어 그들을 만날 수가 없다" 등등의 말을 듣습니다. 이런 생각을 가지고 있는 사람을 통하여 재생산이 쉽게 이루어지겠습니까? 잘 안 되는 것이 당연하다 할 것입니다.

디도서 1:12-13을 보면 바울은 그레데에서 사역하고 있는 디도에게 그레데의 어떤 선지자의 말을 인용하여 그곳 사람들이 얼마나 못된 사람들인가를 인정했습니다.

그레데인 중에 어떤 선지자가 말하되, "그레데인들은 항상 거짓말쟁이며 악한 짐승이며 배만 위하는 게으름쟁이라" 하니 이 증거가 참되도다. 그러므로 네가 저희를 엄히 꾸짖으라. 이는 저희로 하여금 믿음을 온전케 하고.

이는 디도의 선교지가 자갈밭이나 가시밭 같은 나쁜 땅이라는 것입니다. 그런 상황에서 사도 바울은 디도에게 좋은 땅을 찾아 옮겨 가도록 지시하지 않았습니다. 오히려 디도에게 그곳에서 그들을 꾸짖고 그들의 믿음을 온전케 하라고 말씀하고 있습니다. 이런 점은 니느웨 성을 선교지로 맡은 요나에게도 마찬가지였습니다. 거부해야 할 정당한 인간적 핑계 거리가 얼마든지 있을지라도 하나님은 믿음과 순종을 원하십니다.

환경이나 상황을 보면 문제는 어디를 가나 있는 것이고, 누구에게나 다 나름대로 어려운 이유가 있을 것입니다. 사역이 잘되는 곳에도 문제가 있고 사역이 안 되는 곳도 유사한 문제가 있는 것입니다. 그런데 어떤 사람에게는 열매가 풍성하고 어떤 사람에게는 그렇지 못합니다. 왜 이런 차이가 생기겠습니까? 그 첫째 요인은 기도의 삶입니다. 영적 재생산의 사역을 위하여 우리는 다른 무엇보다도 먼저 정말로 하나님께 매달리면서 기도해야 합니다. 영적 재생산에는 해산의 고통이 있습니다.

나의 자녀들아, 너희 속에 그리스도의 형상이 이루기까지 다시 너희를 위하여 해산하는 수고를 하노니. (갈라디아서 4:19)

그 해산하는 수고 중의 하나가 신음하고 외치는 기도입니다. 만고강산 유람하듯이 하는 기도로는 해산할 수 없습니다. 죽을 것 같은 해산의 외침으로 재생산을 위하여 기도해야 합니다.

어떤 권투 선수가 상대편 선수를 KO시켰을 때 그 글러브가 상대를 KO시킨 것이라고 생각합니까? 절대로 그렇지 않습니다. 글러브에 파워가 있는 것이 아니고 권투 선수의 주먹에 파워가 있는 것입니다. 우리의 존재란 권투 선수의 글러브와 같습니다. 상대방에게 맞고 쓰러진 사람의 글러브나 때려서 쓰러뜨린 사람의 글러브나 다 같은 글러브인데, 왜 한 사람은 넘어지고 왜 한 사람은 승리합니까? 그것은 글러브의 차이가 아니고 선수의 주먹의 차이인 것입니다.

이처럼 하나님께서 성령을 우리에게 주셨고 또한 능력을 주셨는데, 어떤 사람은 왜 능력 있게 살고, 어떤 사람은 왜 이런 저런 핑계와 무기력한 변명에 사로잡혀 살면서 원망과 책임전가와 불평에 싸이게 되느냐 하는 것입니다. 문제는 바로 이 능력의 근원 되시는 하나님을 믿고 의지하는 기도의 삶을 살지 않는 것, 참으로 간절히 기도로 매달리지 않는 것에 있습니다. 광야에서 이스라엘 백성의 입에서 원망과 불평이 터져 나왔을 때 불뱀들이 달려들었듯이(민수기 21:4-9), 우리가 기도하지 않고 불만과 불평에 사로잡혀 있으면 사탄이 달려듭니다. 무기력하게 패배하고 마는 것입니다. 그렇게 되지 않기 위해서는 환경과 상황이 어떠하든지 간절히 하나님께 기도하고 믿음으로 매달려야 합니다.

　어떤 한 소녀가 있었습니다. 아버지가 딸의 방에 들어가 보니까 딸이 무릎을 꿇고 아주 경건한 목소리로 기도를 하고 있는데, "ABCDEFG…, HIJKLMN…" 이렇게 알파벳을 계속 외치면서 마치 기도하는 목소리로 외우는 것이었습니다. 다 외우고 난 후에 그 아버지가 이상하게 생각되어 딸에게 물었습니다. "얘야, 넌 왜 알파벳을 그런 목소리로 외우느냐?" 그랬더니 딸은 대답하길, "아빠, 저 기도했어요"라고 했습니다. "무슨 기도를 그렇게 알파벳을 외우는 기도를 하니?" 그랬더니 "어떻게 기도해야 할지를 잘 몰라서요. 알파벳을 다 외우면 전능하신 하나님께서 그 글자들을 다 짜 맞춰서 제 기도를 다 알고 들어주실 것 아니에요?"라고 대답했습니다.

　그런데 사실 우리 중에도 이런 식으로 기도하는 사람이 많이 있습니다. 그런 경건한 외양만 갖추어서 ABCD…를 유창하게 외친다고 되는 것이 아니고 인격적으로 기도해야 하는 것입니다. 말 표현은 서툴더라도, 혹은 어법상 틀리고 더듬거리는 말로 기도를 한다고 하더라도, 마음속으로부터 간절하게 기도하는 것이 중요합니다. "주님, 저로 하여금 제 생애에 영적 재생산을 할 수 있게 해주옵소서. 캠퍼스에서, 직장에서, 또 주변의 지역사회에서, 그리고 제 육신의 자녀를 통해서도 영적 재생산을 할 수 있게 해주옵소서"라고 해산하는 여인처럼 아픈 심정으로 하나님께 외쳐야 합니다.

이제 애굽 사람이 종을 삼은 이스라엘 자손의 신음을 듣고 나의 언약을 기억하노라. 그러므로 이스라엘 자손에게 말하기를, "나는 여호와라. 내가 애굽 사람의 무거운 짐 밑에서 너희를 **빼어** 내며 그 고역에서 너희를 건지며 편 팔과 큰 재앙으로 너희를 구속하여 너희로 내 백성을 삼고 나는 너희 하나님이 되리니, 나는 애굽 사람의 무거운 짐 밑에서 너희를 **빼어** 낸 너희 하나님 여호와인 줄 너희가 알지라. 내가 아브라함과 이삭과 야곱에게 주기로 맹세한 땅으로 너희를 인도하고 그 땅을 너희에게 주어 기업을 삼게 하리라. 나는 여호와로라" 하셨다 하라. (출애굽기 6:5-8)

이 말씀은 여호와 하나님께서 애굽에서 종살이하는 이스라엘의 신음하는 기도를 들으셨기 때문에 그들에게 하신 언약을 다시 기억하신다는 말씀입니다. 우리가 우리의 영적 재생산을 위해 신음하는 기도를 할 때 하나님은 반드시 들어주실 것입니다. 왜냐하면 영적 재생산은 하나님이 원하시는 약속이기 때문입니다.

"나는 너를 애굽 땅에서 인도하여 낸 여호와 네 하나님이니, 네 입을 넓게 열라. 내가 채우리라" 하였으나. (시편 81:10)

이 말씀처럼 입을 크게 열어 기도할 때 채워 주시는 하나님을 믿어야 합니다. 나의 영적 재생산을 통해 세계가 주님께 돌아오고 열방이 주님께 경배하는 놀라운 일이 이루어지도록 우리의 입을 크게 열어야 합니다. 한나처럼, 이스라엘 백성처럼, 신음하는 기도를 위해 입을 크게 열어야겠습니다.

2. 주님 안에 거하는 삶

영적 재생산의 또 하나의 중요한 조건은 주님과 동행하며 주님 안에 거하는 삶입니다.

> 내 안에 거하라. 나도 너희 안에 거하리라. 가지가 포도나무에 붙어 있지 아니하면 절로 과실을 맺을 수 없음같이 너희도 내 안에 있지 아니하면 그러하리라.… 너희가 내 안에 거하고 내 말이 너희 안에 거하면 무엇이든지 원하는 대로 구하라. 그리하면 이루리라. (요한복음 15:4,7)

이 말씀에서 가르쳐 주시는 것처럼 기도 응답의 비결은 우리가 주님 안에 거하는 것입니다. 그러므로 기도보다 우선해야 하는 것은 주님 안에 거하는 것입니다. 주님께 거하는 사람은 기도하는 사람이지만 기도하는 사람이라고 해서 거하는 사람은 아닙니다. 거하는 삶이란 예수님과 진정한 영적 연합을 지속하는 삶입니다(4절 참조). 예수님과 그 말씀을 온전히 신뢰하고 그 마음과 생각이 주님께 항상 향하여 있고 주님께 머물러 있는 삶입니다. 말과 행동과 관심과 사고방식과 인격이 주님 닮기를 원하는 삶입니다. 나의 모든 것이 예수님으로 말미암아 사는 삶입니다.

창세기 5:21-24에서 우리는 에녹의 특이한 삶을 볼 수 있습니다. 그는 육십오 세에 므두셀라를 낳은 후 어떤 동기와 계기가 있어서인지는 정확하게 모르지만 그때부터 삼백 년을 하나님과 동행하는 삶을 살다가 하나님이 세상에서 그를 데려가셨습니다. 히브리서 저자는 히브리서 11:5에서 에녹이 죽음을 보지 않고 옮겨졌다고 하며, 그 이유는 그가 이 세상에 있는 동안 하나님을 기쁘시게 하는 자였기 때문이라고 기록하고 있습니다. 에녹의 발자취를 살펴보면 성경에 등장하는 다른 영웅적인 인물들처럼 놀라운 어떤 공적이나 행적들이 발견되지 않습니다. 모세처럼 이스라엘을 해방시킨 공적도, 노아처럼 방주를 만든 일도, 엘리야처럼 이적과 기사 및 우상을 쳐부순 일도, 다윗처럼 견고한 믿음의 국가를 세운 일도, 또 다른 선지자들처럼 많은 하나님의 계시와 환상의 증거들을 말씀으로 남긴 일도 없는 사람이었습니다. 오직 한 가지, 하나님을 기쁘시게 해드릴 만큼의 믿음의 동행을 지속한 삶이 있었습니다. 이로 보건대 하나님께 거하는 삶이 얼마나 하나님이 가치 있게 여기시고 기뻐하시는 것인가를 믿을 수 있습니다. 우리가 이 땅에 사는 동안 남겨 놓을 수 있는 어떤 공헌들보다도 하나님과 동행하는 우리의 생각, 하나님께 머물러 있는 우리의 마음을 하나님은 더 기뻐하시는 것입니다.

마가복음 3:14 말씀에서 "이에 열둘을 세우셨으니 이는 자기와 함께 있게 하시고…"라고 기록된 내용을 보게 됩니다. 예수님께서 열두 제자를 세우신 것은 그 후에 해야 할 어떤 사역과 활동보다도 자기와 함께하도록 하는 것이 우선임을 깨달을 수 있습니다. 이는 요한복음 15:1-8의 거하는 삶의 원리와 일치되는 것을 볼 수 있습니다. 주님께 머물러 있는 사람은 주님을 사랑하는 사람입니다. 싫은 사람 앞에 누가 머물러 있겠습니까? 오히려 숨든지 도망치지 않겠습니까?

요한복음 12:26에서 예수님께서는 "사람이 나를 섬기려면 나를 따르라. 나 있는 곳에 나를 섬기는 자도 거기 있으리니, 사람이 나를 섬기면 내 아버지께서 저를 귀히 여기시리라"고 말씀하고 있습니다. 거듭난 그리스도인이면 누구나 주님을 섬기고 싶어 합니다. 주님을 사랑하기 때문입니다. 그리고 우리가 주님을 섬길 때 아버지께서 그 섬기는 자를 귀히 여기시겠다고 말씀하고 있습니다. 그러나 섬기는 일이 올바르게 이루어지게 되려면 주님 계신 곳에, 그리고 주님이 달리신 십자가 거기에 우리도 머물러 거하는 것이 우선되어야 합니다. 그렇지 못한 상태에서 인간의 열심으로 섬기는 일을 하다 보면 결국 주님을 섬기는 것이 아니라 자기 자신을 섬기고, 주님을 높이는 것이 아니라 자기를 높이게 되고…, 그러다가 우리 마음과 영혼이 결국 황폐하게 되어 버리고 마는 것을 경험하게 됩니다.

요한복음 14:3에서 예수님께서는 우리를 위해 처소를 예비하신 후 다시 오셔서 우리를 주님께로 영접하여 주님이 계신 곳에 우리도 있게 하겠다고 말씀하고 있습니다. 이 땅에서도 주님이 원하시는 것은 우리의 어떤 일보다도 주님께 거하는 삶이 우선인 것처럼, 하늘나라에서도 주님 계신 곳에 머물러 있게 하는 것이 주님의 마음입니다. 주님께서는 우리가 거할 처소를 예비하러 가셨지 일터를 구하러 가신 것이 아닙니다.

요한복음 17:24에서 예수님께서 주님께 속한 우리로 하여금 주님 계신 곳에 주님과 함께 있기를 기도하신 것을 볼 수 있습니다. 주님 계신 곳에 우리가 머물러 있을 때 그 결과로 무엇을 보게 됩니까? 해야 할 일, 어떤 활동, 보람찬 인간적 과업을 보는 것이 아니라, 예수님께서 "아버지께서 창세전부터 나를 사랑하시므로 내게 주신 나의 영광을 저희로 보게 하시기를 원하옵나이다"라고 하신 것처럼 우리는 그리스도의 영광을 보게 되는 것입니다. 주님께 거하는 삶으로 우리가 얻으려는 것이 무엇입니까? 해야 할 과업이나 이를 성취할 수 있는 지혜와 능력을 얻는 것입니까? 그것이 우선이 아닙니다. 주님의 영광의 어떠하심을 먼저 보는 것입니다. 이것이 주님께서 우리를 위해 기도하여 주신 기도제목입니다.

창세기 39장의 몇 말씀을 보겠습니다.

여호와께서 요셉과 함께하시므로 그가 형통한 자가 되어 그 주인 애굽 사람의 집에 있으니, 그 주인이 여호와께서 그와 함께하심을 보며 또 여호와께서 그의 범사에 형통케 하심을 보았더라.… 여호와께서 요셉과 함께하시고 그에게 인자를 더하사 전옥에게 은혜를 받게 하시매… 전옥은 그의 손에 맡긴 것을 무엇이든지 돌아보지 아니하였으니, 이는 여호와께서 요셉과 함께하심이라. 여호와께서 그의 범사에 형통케 하셨더라. (2-3, 21, 23절)

이 말씀에서 우리는 요셉의 형통한 삶의 비결이 무엇인지 쉽게 알 수 있습니다. 젊은 사람이 이 세상의 험한 파도를 헤쳐 가며 성공의 정상에 높이 서기까지의 피눈물 나는 고생과 노력을 한 이야기들을 인간사에서 얼마든지 찾아볼 수 있습니다. 어떤 사람은 뛰어난 능력과 바르고 곧은 정신, 그리고 피나는 노력으로, 반면에 어떤 사람은 온갖 거짓과 술수와 중상과 모략으로 성공을 쟁취합니다. 그러나 요셉은 오직 여호와께서 함께하심으로 성공한 사람입니다. 그런데 여호와께서 왜 많은 사람들 중 요셉과 함께하여 주셨습니까? 요한복음 15:4에서 "내 안에 거하라. 나도 너희 안에 거하리라"고 하신 말씀의 원리에 따라 생각해 보건대, 하나님께서는 그 안에 거하지 않고 불순종하며 게으르고 마음대로 허랑방탕하는 삶을 사는 사람과 함께하실 수는 없는 것입니다. 하나님께서 요셉과 함께하신 것은 틀림없이 요셉 자신도 하나님께 거하는 삶을 뛰어나게 잘 살고 있었기 때문인 것입니다.

요셉은 범사에 하나님을 의식하며 살았습니다. 그의 신앙적

개념은 너무나 분명하고 확실했습니다. 그의 생각은 늘 여호와께 가 있었습니다. 그렇기 때문에 그는 어떤 손해와 위험과 도전이 와도 하나님의 원리대로 살았습니다. 요셉의 몸은 하나님을 인정하고 따르는 가족들로부터 멀리 떨어져 있었습니다. 아무도 보지 않는 타국에서 그는 자유롭게 잔꾀를 부리며 인간적 처세술로 살 수도 있었습니다. 그러나 그는 항상 여호와께 머물러 있었고, 진리 가운데 거하는 삶을 살았습니다. 그렇게 사는 것이 참 자유를 누리는 삶이라는 것을 확신하는 사람이었기 때문입니다(요한복음 8:31-32). 그러므로 그는 몸이 감옥에 갇혀 매여 있을 때조차도 감옥 밖에 있는 사람보다도 더 자유함을 누릴 수 있었던 것입니다. 요셉은 몸이 어디에 있든지 그의 마음과 생각과 영혼의 향방은 오직 여호와께만 가 있었습니다. 이런 사람과 어찌 여호와께서 함께하시지 않겠습니까?

> 네 하나님 여호와를 경외하여 그를 섬기며 그에게 친근히 하고 그 이름으로 맹세하라. (신명기 10:20)

3. 말씀의 사람이 됨

영적 재생산을 위해 매우 중요한 또 하나의 자질은 말씀의 사람이 되는 것입니다. 말씀 중심의 삶을 살고 말씀 중심의 사역을 할 때 영적 재생산이 풍성하게 이루어질 수 있습니다.

예레미야 23:29에 "나 여호와가 말하노라. 내 말이 불 같지 아니하냐? 반석을 쳐서 부스러뜨리는 방망이 같지 아니하냐?"라고 말씀의 놀라운 능력을 확증하고 있습니다. 히브리서 4:12에서도 "하나님의 말씀은 살았고 운동력이 있어, 좌우에 날 선 어떤 검보다도 예리하여 혼과 영과 및 관절과 골수를 찔러 쪼개기까지 하며 또 마음의 생각과 뜻을 감찰하나니"라고, 말씀이 얼마나 큰 능력으로 인간의 모든 영역의 문제와 필요들을 풍성하게 해결할 수 있는지를 말씀하고 있습니다. 그렇다면 불 같고 방망이 같고 좌우에 날 선 어떤 검보다 예리한 성령의 검인 말씀을(에베소서 6:17) 풍성히 내 안에 거하도록 하는 것이야말로 영적 재생산을 하기 위한 넘치는 능력과 풍성한 자질을 준비하는 비결이 되는 것입니다.

우리가 거듭나게 되는 것도 말씀으로 되는 것이며(베드로전서 1:23-25, 디모데후서 3:15, 야고보서 1:18), 우리가 영적으로 건강하게 잘 자라게 되는 것도 말씀으로 인한 것이며(베드로전서 2:2), 우리를 교훈하고 책망하고 바르게 하며 의로 교육하기에 유익한 것도 곧 하나님의 말씀이며(디모데후서 3:16), 또한 우리가 하나님의 사람으로 쓰임받기에 온전케 되어 모든 선한 일을 넉넉히 감당할 자질을 갖출 수 있게 하는 것도 오직 말씀입니다(디모데후서 3:17). 또한 우리가 주님을 믿고 주님의 제자로 따르면서 영적 재생산의 열매를 맺는 삶을 살아가려고 하면 필요한 많은 기도제목들이 생기게 됩니다. 그런데 이때도 "너희가 내 안에 거하고 내 말이 너희 안에 거하면 무엇이든지 원하는 대로 구하라. 그리하면 이루리라"(요한복음 15:7)고 말씀하신 것과 같이 말씀이 내 안에 풍성히 거하는 것이 기도 응답의 비결이며, 이로 인하여 재생산의 열매가 풍성하게 맺히게 되며 우리가 주님의 수준 높은 제자가 되는 것입니다(요한복음 15:8).

예루살렘에서 엠마오로 내려가던 두 제자가 예수님의 죽으심 때문에 서로가 실망과 좌절의 대화를 나누고 있을 때 예수님께서 그들에게 나타나셨습니다(누가복음 24:13-35). 예수님께서는 깊은 좌절과 절망에 빠진 그들을 인간적 방법으로 위로하고 해명하고 증명하려 하지 않으셨습니다. 누가복음 24:25-27에 보면, "이에 모세와 및 모든 선지자의 글로 시작하여 모든 성경에 쓴바 자기에 관한 것을 자세히 설명하시니라"(27절)고 한 것처럼 예수님은 말씀 중심으로 그들의 문제를 해결해 주셨습니다. 그 뒤 32절에 보면, "길에서 우리에게 말씀하시고 우리에게 성경을 풀어 주실 때에 우리 속에서 마음이 뜨겁지 아니하더냐?"라고 제자들이 고백하고 있습니다. 말씀이 그들의 마음을 뜨겁게 하였고 그들의 믿음은 조금도 의심 없는 믿음이 되었으며, 곧 가던 길을 돌이켜 예루살렘으로 되돌아가서 제자들에게 예수님의 부활의 사실을 증거하게 되었습니다.

그러므로 말씀 중심의 삶과 가르침만이 사람을 변화시키는 능력이 있음을 믿어야 합니다. 빌리 그래함 목사님은 설교를 할 때마다 "내 성경이 말씀하시기를…"이라는 말을 자주 되풀이하는 것을 볼 수 있습니다. 이것은 말씀의 능력을 그가 확실히 믿고 있는 증거이며, 이렇게 말씀 중심의 설교를 마칠 때마다 수많은 사람들이 회개하고 예수님을 영접하는 역사가 일어났습니다.

반면에 어떤 설교자는 서두에는 본문의 말씀으로 성경을 읽지만 설교 내용에는 그 말씀과는 별로 관계도 없는 곁가지의 이야기들로, 철학자의 말, 심리학자의 말, 교육학자의 말 등등으로 가득 차 있는 것을 봅니다. 결과는 어떻겠습니까? 그 설교하신 분의 높은 교육과 유식함을 드러내는 데는 충분할 수 있어도 말씀의 능력은 나타나지 않습니다. 자기 자신을 다루는 데는 머리를 사용해야 하지만 남을 다루는 데는 머리를 굴려서는 안 되고 가슴을 사용해야 하는 것입니다. 그런데 가슴속 깊이 감동을 주고 동기를 부여하고 변화를 주는 것은 우리 가슴속에 있는 살아 있는 말씀이기에 말씀을 전해야 되는 것입니다.

그리스도의 말씀이 우리 속에 풍성히 거하는 말씀의 사람이 되어야 모든 지혜로 피차 가르치며 권면하는(골로새서 3:16 참조) 사역을 할 수 있고, 이로 인해 영적 재생산이 풍성하게 이루어지는 것입니다.

바울은 데살로니가후서 3:1에서 "주의 말씀이 너희 가운데서와 같이 달음질하여 영광스럽게 되도록" 기도해 달라고 데살로니가 교회 성도들에게 부탁하고 있습니다. 말씀이 신속하게 전파되는 것을, 마치 말씀이 달리기 선수와 같이 달음질하여 목적지에 도달하여 면류관을 쓰는 영광을 얻는 것처럼 표현하고 있음을 볼 수 있습니다. 그는 또한 죄인처럼 쇠사슬에 매여 있을 때에도 "나를 위하여 구할 것은 내게 말씀을 주사 나로 입을 벌려 복음의 비밀을 담대히 알리게 하옵소서 할 것이니"(에베소서 6:19)라고 기도 부탁을 했습니다. 이 얼마나 말씀 중심의 관심으로만 살고 있는 바울의 모습입니까? 오직 말씀만이 구원과 성장과 헌신과 견고한 소망과 영적 재생산을 가능케 한다는 것을 바울은 확신하였기 때문입니다. 우리도 다른 방법을 찾아 헤맬 필요가 없습니다. 지금부터 말씀의 사람이 되어 말씀 중심의 삶과 사역을 할 수 있도록 자신을 드려야 하지 않겠습니까?

4. 전 도

> 너희가 과실을 많이 맺으면 내 아버지께서 영광을 받으실 것이요 너희가 내 제자가 되리라. (요한복음 15:8)

재생산을 가능케 하는 중요한 필수조건은 전도입니다. 예수님께서는 우리가 과실을 많이 맺으면 하나님께서 영광을 받으신다고 말씀하고 계십니다. 전도의 열매가 많은 것은 그 자신에게 영광이 될 뿐만 아니라 하나님께 영광이 되는 것입니다. 농부의 영광이 무엇입니까? 밭에서 추수를 했을 때 곡식이 풍성한 것이 그의 영광이 되는 것 아닙니까? 반대로 농사를 지었는데 거기에 열매는 없고 잡초만 무성하면 그것이 농부에게 부끄러운 것 아닙니까? 그처럼 우리가 영적 농부로서 농사를 지었을 때 우리를 통해 과실이 많이 맺어져야 농장의 주인 되신 하나님 아버지께서 영광을 받으시는 것입니다. 우리가 "주님께 영광을 돌립니다"라고 말하거나, 혹은 "주님의 영광을 위해서 내 생애를 바칩니다"라고 말하면서도, 전도에 관심이 없다면 그것은 실제로 주님께 영광을 돌리는 것이 아닙니다.

예수님께서는 요한복음 17:4에서 "아버지께서 내게 하라고 주신 일을 내가 이루어 아버지를 이 세상에서 영화롭게 하였사오니"라고 말씀하셨습니다. 그와 같이 우리도 예수님 안에서, 예수님이 이루신 구속의 완성과 '유일하신 참 하나님과 그의 보내신 자 예수 그리스도를 아는 것'이 영생(요한복음 17:3 참조)이라는 복음을 전하는 일에 열매가 풍성하여 예수님처럼 하나님 아버지의 영광을 이 세상에서 드러내는 삶을 살아야 합니다. 우리가 우리의 공로로 인위적으로 하나님을 영화롭게 하는 것이 아니라 이미 영광스러우신 그분의 영광을 전도로써 세상에 드러내는 것뿐입니다. 요한복음 15:2에서는 "과실," "더 과실," 뒤이어 5절과 8절에서는 "과실을 많이," 그리고 16절에서는 "과실이 항상"이라는 표현이 나오는데, 여기서 우리는 열매 맺는 정도와 수준이 점진적으로 높아지는 것을 발견할 수 있습니다. 전도의 열매, 제자삼는 열매, 인격의 열매까지 다 포함하여 더욱더 많이, 그리고 항상 그 열매가 맺혀 있는 삶을 살 때 하나님 아버지께서 영광을 받으시는 것입니다.

사도행전 8장 전반부를 보면 예루살렘에 핍박이 임했을 때에 빌립이 그곳을 피하여 사마리아 땅으로 간 이야기가 나옵니다. 사마리아는 일반적으로 유대인들이 가기 싫어하는 곳이었습니다. 유대인과 사마리아인은 서로 원수같이 지냈기 때문입니다. 유대인은 과거의 불행했던 역사적 배경과 그 결과 때문이기는 하지만 사마리아인들에 대하여 순수한 유대인이 아니고 이방인과 유대인 사이에 태어난 혼혈인이라는 이유로 그들을 멸시하고 그들과 상종조차 하지 않았습니다. 반대로 사마리아인들은 또 그들 나름대로 그런 유대인들을 거부하고 받아들이지 않았습니다. 서로 마주치면 모르는 체하든지 시비를 걸고 폭력을 가하기도 했습니다. 그렇게 드러나게는 못하는 사람이라도 서로 마음속으로 욕을 하든지 저주하곤 하였습니다. '가다가 자빠져서 코나 팍 깨져라'는 식으로 상대방을 저주하며 잘못되기를 바랐습니다. 그런 상황에서 유대인인 빌립이 사마리아에 가서 사역을 한 것은 참으로 놀라운 일입니다. 그리스도의 사랑의 심장이 없었더라면 불가능한 일이었습니다. 그러나 빌립인들 마음속에 아무 갈등이 없이 사마리아로 내려갔겠습니까? 사울의 핍박을 피하여 그곳에 이르렀으나 며칠 동안 불면의 밤을 지새우며 고민했을지도 모릅니다. 그런 그가 거기에서 성령께 순종하여 사역했을 때 놀라운 역사가 일어났습니다. 수많은 사람들이 회개하고 주님께로 돌아왔습니다. 아주 성공적인 사역을 하였습니다.

밥 보드만 선교사는 젊었을 때에 선교에 대한 불타는 마음이 있었습니다. 선교사로 보내 달라고 하나님께 간절히 기도할 뿐 아니라 이에 필요한 준비도 이것저것 하던 중 스페인어, 독일어 공부도 하고 있었습니다. 그러면서 그가 기도한 것 중 한 가지는 세계 어디를 가더라도 좋겠지만 일본으로 가는 것만큼은 싫다고 했습니다. 제2차 세계대전 중 미군으로 오키나와 전투에 투입되었다가 수많은 전우들이 그 앞에서 처참하게 전사하는 모습을 보았고 그 자신도 손가락 하나를 잃었으며 또 목에는 총알이 관통하게 되어 사경을 헤매다가 겨우 살아났으나, 그 후 여러 차례의 수술과 재활 치료에도 불구하고 결국 그는 목소리를 거의 잃게 되었고 듣기에 불편할 정도의 낮고 쉰 목소리를 겨우 회복했을 뿐이었습니다. 그래서 그는 자신을 이렇게 만들어 놓은 일본이 싫었습니다. 그런데 어느 날 선교회에서 그를 위해 내린 최종 결정은 그가 그렇게도 가기 싫어했던 일본이었습니다. 며칠 밤낮을 노! 노!를 외쳤습니다. 그러던 중 사도행전 1:8을 묵상하다가 그의 생각이 드디어 무너져 버렸습니다. 그 말씀 중 "사마리아와 땅 끝까지 이르러 내 증인이 되리라"고 하신 말씀에서 사마리아라는 단어가 그의 마음을 찔렀습니다. 호의적이고 매력적인 나라뿐 아니라 원수의 나라에까지도 가서 증인이 되라는 말씀이 그의 생각과 감정을 바꿨습니다. 결국 그는 일본으로 가는 일에 순종했습니다. 그 결과 그의 대부분의 생애를 통하여 헌신적으로 일본 선교를 감당하게 되었고, 많은 일본인 사역자들을 길러 내어 일본의 여러 도시로 파송하여 일본 여러 지역에서도 선교가 지속되어 가도록 하는 일을 일으키게 되었습니다.

빌립은 사마리아에서 성공적인 사역을 한 후 그 다음 단계로 무엇을 했습니까? 대부분의 사역자들은 자기의 성공을 즐기며 그곳에 머물기를 원할 것입니다. 그 큰 무리 속에서 자기 삶의 의미를 찾으려 할 것입니다. 또 그럴 권리와 자격이 있다고 생각할 것입니다. 그런데 하나님은 빌립을 다른 곳으로 옮겨 주셨습니다. 예루살렘에서 가사로 내려가는 길까지 가라 하셨는데 그곳은 사람이 별로 없는 광야였습니다. 전도를 하는 사람이 사람이 별로 없는 곳으로 가는 것은 상식에 맞지 않는 일입니다. 그러나 빌립은 순종했습니다. 그런데 거기에서 만난 사람이 바로 에디오피아 여왕인 간다게의 모든 국고를 맡은 큰 권세를 가진 내시였습니다.

이와 연관하여 사도행전 8장의 30-35절의 내용을 머릿속에 그려 보면 재미있는 장면이 떠오릅니다. 성령께서 빌립에게 에디오피아 내시의 "병거로 가까이 나아가라"고 하셨을 때에 그가 달려가는 모습을 한번 상상해 보십시오. 그가 명령은 들었지만 그 마음속에는, '저 사람에게 내가 이렇게 접근하는 것이 올바른 타이밍인가? 보아하니 꽤 내로라하는 사람 같은데 내 말을 들을까? 내가 어떻게 접근해야 할까?' 등등의 여러 가지 복잡한 생각들이 많이 떠오를 것입니다. 캠퍼스에서 벤치에 앉아 있는 누군가에게 다가갈 때에도 여러 가지 생각이 들지 않습니까? 인상도 보고 나이도 짐작해 보고 여러 가지 생각을 합니다. 저 사람이 가난할까 부자일까, 심지어는 나보다 키가 크냐 작으냐, 그런 것까지 복잡하게 생각하기도 합니다. 그러다가 기회를 놓칠 때도 많습니다. 그러나 빌립은 성령님의 지시를 듣고 즉시로 내시에게로 달려갔다고 했습니다. 그리고 그가 이사야의 글을 읽는 것을 듣고, 그에게 읽는 것을 깨닫느냐고 질문했습니다. '당신 지금 읽는 것이 무슨 뜻인지 알아요?'라는 어투같이 생각됩니다. 중간에 접근의 다양한 시도가 생략되었다고 말하는 사람도 있으나, 빌립의 속도감 있는 전도의 태도로 보건대, 복잡한 과정을 거쳐 가며 그와 먼저 관계를 맺고 전도하는 관계 중심의 전도도 아니고, 복음의 핵심보다는 기독교의 주변적인 이야기나 가볍게 나누며 간접화법으로 분위기만 잠시 띄우다 마는, 그저 물결치는 대로 바람 부는 대로 여유만만의 전도로 그치는, 이를테면 '풍월 전도' 같은 것도 아니었습니다. 빌립의 전도는 '성령 지시 중심의 전도'였습니다. 그렇기 때문에 인간적 생각으로는 듣기에 따라서 내시에게는 굉장히 당돌한 것같이 느껴질 수도 있었습니다. 한참 상견례를 하고 그에 대한 신변의 잡다한 질문도 하고 자기에 대한 이야기도 충분히 한 다음 그런 질문을 한 것이 아니라, 매우 신속하게 "그 말을 깨닫느냐?"고 질문한 것이었습니다.

이것은 얼마나 거칠고 투박하게 보이는 접근이었습니까? 이것이야말로 신사적으로 보이는 관계 중심 전도가 아니라 전형적인 성령 지시 중심의 전도였습니다. 현대의 전도학적 견해로 보면 매우 퉁명스럽고 미숙한 방법이라고 생각할 수도 있지만 에디오피아 내시는 예수님을 영접하게 되었습니다. 물론 직장이나 지역사회 내에서는 관계 중심의 전도가 매우 중요합니다. 그러나 어느 한쪽에 치우치는 것은 잘못입니다.

한 대학 연구실에서 박사과정에 있는 한 형제가 믿지 않는 석사과정 대학원생 한 명과 연구하며 지내고 있었습니다. 그 학생은 평소에 잘못된 지식의 영향으로 성경에 대해 거부감을 가지고 있었으므로 쉽게 전도할 수가 없다고 생각되었습니다. 그러나 그 학생에게 복음을 전하고 싶은 마음이 뜨거웠기 때문에 관심을 가지고 그와 친하게 지내며 그의 연구에서 힘든 부분이나 막히는 일, 또는 쌓이고 밀린 공부를 친절하게 잘 도와줌으로 항상 그의 짐을 가볍게 해주었습니다. 그러던 어느 날 그 학생이 이 형제에게 평소에 마음속에 품고 있던 고마움을 표현했습니다. "문 형, 지금까지 너무나 많은 신세를 졌고 일방적으로 도움만 받았는데, 제가 문 형을 위해서는 아무것도 한 것이 없어 미안합니다. 뭔가 제가 할 일이 없겠습니까?"라고 물었습니다. 이에 박사과정의 이 형제는 "아, 그러세요? 너무 부담 갖지 마세요. 나야 그냥 같이 공부하는 입장에서 할 일을 한 것뿐입니다"라고 겸손하게 대답하고, 잠시 생각 후 이렇게 말했습니다.

"그런데 나를 도와주실 일도 있는데요."

그러자 그 학생은 반색을 하며 "좋지요, 무엇이든지!"라고 적극적인 반응을 보였습니다.

"어려운 일은 아닌데요, 꼼꼼하게 점검해 주셔야 되는 일이거

영적 재생산을 위한 자질 및 조건들 95

든요" 하면서 자기의 성경 암송 카드를 그에게 건네주었습니다.

"내가 이 성경구절들을 암송하고 있는데 토씨 하나 틀리지 않고 정확하게 외우고 있는지를 점검해 주는 겁니다. 어쩌면 지루할지 모르겠어요."

"이렇게 간단한 일이야 얼마든지 하겠습니다."

이리하여 문 형제는 매일 몇 구절씩을, 어떤 때는 많은 구절들을 건네주며 그에게 암송 점검을 받았습니다. 암송을 점검하는 일을 부탁하여 도움을 받는 것 외에는 다른 어떤 진전된 시도도 하지 않았습니다. 그런데 놀라운 일이 그 학생에게 일어났습니다. 어느 날 암송 카드를 손에 들고 문 형제의 암송을 진지하게 점검해 주던 그가 중간에 말을 걸었습니다. "문 형,

형이 성경 구절을 암송할 때 내 마음이 이상해지는 것을 느끼는데 어찌하면 좋지요?" 때는 이때라고 생각한 문 형제는 구체적으로 복음을 전하여 잘 익은 열매를 따듯 그를 주님께 인도하게 되었습니다.

이처럼 매일 얼굴을 대하는 같은 생활권에 있는 사람에게는 따뜻하고 지혜로운 관계 중심의 전도가 필요합니다. 바울도, 사도행전 17:34에서 "친하여 믿으니"라고 기록된 바와 같이, 어떤 사람들에게는 먼저 바울에게 붙어 다니게 함으로 친하게 되어 믿게 했습니다. 그런데 사실은 관계 중심이라는 용어가 의미하는 전도 방법은 오히려 매우 어려운 것입니다. 이 방법으로 전도를 잘하는 그리스도인은 대단히 존경스러운 분입니다. 그런 사람이 되기 위해서는 우리의 친족들과 직장과 지역사회에서 매력적인 사람이 되어야 하며, 존경받는 영향력을 갖추도록 자신을 성장케 해야 합니다. 언제나 변함없이 내가 속한 사회에서 빛과 소금으로 존재하고 있어야만 이런 일이 가능하게 됩니다.

그러나 많은 그리스도인들이 다 이렇게 하지는 못합니다. 또 그 수준이 되도록 기다리려면 어떤 그리스도인은 평생토록 전도 한 번 해보지 못할 수도 있습니다. 또 우리가 만나는 믿지 않는 사람들은 나의 생활권 안에 있는 것보다 나의 생활권 밖에 더 많이 있습니다. 그런 사람들에게 우리는 어떻게 전도해야 합니까? 전철에서나 공원에서, 또는 캠퍼스의 벤치나 스쿨버스 안에서, 또는 여행 중에 잠시 만난 사람들에게도 반드시 관계 중심 전도를 해야 한다고 하면 전도가 가능하겠습니까? 관계 중심 전도의 강조가 성장하는 그리스도인들에게 전도의 열정의 불을 꺼버리는 결과가 되게 해서는 안 됩니다. 전도 회피형 변명으로 사용될 수 있는 위험도 있음을 생각해야 합니다. 우리가 전도의 점화기 역할을 해야지 소화기 역할을 하면 되겠습니까?

만약 내가 전투가 치열하게 벌어지고 있는 전선으로 배속되기 위해 전우들과 함께 트럭을 타고 가는 중이라면 언제 죽을지도 모르는 그들을 위해서 무엇을 해야 합니까? 무조건 전도해야 하는 것 아닙니까? 또 어떤 전도 방법을 사용해야 합니까? '당장'이라는 방법이 최고의 방법일 것입니다. 전도는 그 사람이 영원한 멸망으로부터 영원한 생명으로 구원받게 하는 엄청난 축복을 주는 일이기 때문에, 때를 얻든지 못 얻든지 긴급성을 가지고 담대히 접근하여 복음을 전해야 하는 것입니다.

마태복음 4:19에서 예수님께서는 어부인 베드로와 안드레를 보고 "나를 따라오너라. 내가 너희로 사람을 낚는 어부가 되게 하리라"고 말씀하셨습니다. 이 말씀을 들은 베드로가 만약 인간적인 생각에 싸여, '어떻게 예수님이 인권을 무시하는 표현을 하실까? 사람을 물고기처럼 낚는다니? 인격을 가지고 있는 사람들을 그렇게 취급하는 것은 너무하신 것 아닌가?'라고 똑똑한 척하고 따지고 순종을 거부했다면 그들은 평생을 물고기 낚는 어부로만 살다가 세상을 떠났을 것입니다. 그러나 오히려 물고기에서 사람으로 자신의 할 일이 업그레이드된다고 믿고 즉시 그물을 버려두고 예수님을 좇았으므로 주님의 제자가 되었고, 수많은 영혼들을 영생의 길로 인도하는 삶을 살게 되었던 것입니다.

"추수감사절에 칠면조를 잡아 하나님께 감사하려고 하는데 누가 자원하겠느냐?"라고 칠면조에게 묻는다면, 어떤 칠면조가 "내가 여기 있나이다. 나를 잡으소서"라고 말하며 얼른 따라 나올 수 있겠습니까? 이리저리 슬금슬금 도망 다니는 칠면조를 농부는 재빠르게 슬라이딩하여 그의 몸통이나 다리를 붙잡아야 될 것입니다. 이를 두고 동물애호가들과 농부들이 서로 토론을 하면서 언쟁이 붙었습니다. 동물애호가들은 "칠면조를 잡아도 그렇게 사냥감 움켜잡듯이 거칠게 다루느냐? 동물을 그렇게 학대하는 것은 비난받아 마땅한 행위다. 좀 더 부드럽게 대하고 신사적으로 접근해야 하며 놀라게 해서는 안 된다. 또 왜 하필이면 감사절에 칠면조를 잡아야 하느냐?"고 농부들에게 규탄성 질의를 하기 시작했습니다. 농부가 기가 막힌다는 표정을 지으며 그들의 질의에 대답하기 시작했습니다. "우리가 칠면조를 아무리 부드럽게 불러도 절대로 오지 않기 때문에, 올가미를 던져 잡기도 그렇고 해서, 그래도 내 손으로 키운 녀석을 내 손으로 잡는 것이 제일 신사적이라 생각하여 그렇게 합니다. 돼지는 너무 크고 닭은 너무 작고 그저 조상 때부터 해오던 대로 칠면조를 잡는 것뿐입니다. 일 년 중 다른 날에 시장터나 도살장에 보내는 것보다는 그래도 추수감사절에 우리의 감사하는 기쁨을 위해 드려지는 것이 그에게는 특권이라 생각되는데요"라고 말했습니다. 이것은 가치관의 문제입니다. 그를 위한 최선이 무엇인가가 중요한 것같이 한 불신자를 믿게 하고 영원한 생명을 얻게 하는 것이 그를 위한 최선의 가치라고 믿는다면 방법론 때문에 기회를 잃는 것은 매우 잘못된 것입니다.

나의 큰 손자인 회민이가 유치원 다닐 때 그의 세 살 어린 동생인 회영이와 함께 '패트와 매트'라는 비디오 애니메이션을 깔깔 웃으며 보고 있었습니다. 내가 그들에게 질문을 던져 보았습니다.

"너희들은 패트와 매트의 행동에 대해 어떻게 생각하니?"

회민이가 대답했습니다. "할아버지, 저 사람들이 아이디어는 좋은 것 같은데요, 그 아이디어대로 하면 반드시 망쳐져요."

이어서 회영이가 말했습니다. "바보들 같아요!"

아이들의 대답을 통해 나는 한 가지 중요한 사실을 배웠습니다. 단순한 일을 어렵게 풀어 가려다가 일을 망치는 일이 영적인 일에도 얼마나 많은가를 깊이 뉘우치게 되었습니다. 전도를 하는 데도 단순성을 잃고 너무 어렵게 접근하고 너무 어렵게 말하고 너무 어려운 이론을 벌여 놓다가 혼돈만 주는 일이 얼마나 우리 사역에서 많이 있는지를 반성해야 할 것입니다. 단순한 복음을 단순하게 전할 때 가장 다이내믹한 전도가 될 것입니다.

대학 캠퍼스에서 전도를 하면 고학년 형제 자매들보다 저학년 형제 자매들이 전도한 결신자 수가 일반적으로 더 많은 것을 보게 되는데, 그 이유가 무엇일까를 생각해 봅니다. 다른 원인들도 있긴 하겠지만 한 가지 분명한 것은 전도의 단순성에 그 이유가 있다고 생각합니다. 전도는 어려운 것이 아니라 쉬운 것이라고 말한다면 틀림없이 반론을 제기할 사람들이 많을 것입니다. 왜냐하면 접근과 반박의 두려움 및 거절의 실망감 등을 수없이 경험했기 때문입니다. 그러나 우리의 경험 중 거절을 당한 부정적인 결과만 있는 것이 아니라 눈물과 감격으로 예수님을 영접하던 결과들도 많이 있지 않습니까? 그럼에도 불구하고 부정적인 결과에 붙들려 있는 것이 우리 전도를 두렵게 하고 어렵게 하는 것입니다. 전도에 대한 두려움은 우리로 하여금 더 많은 지식적 준비와 반대에 대한 철저한 논박 준비, 그리고 다양한 전도 방법에 대한 준비 등을 거의 완벽하게 하도록 하기 때문에 한편으로는 많은 도움이 되기도 하고 또한 마음이 든든하게 되기도 합니다.

하지만 이러한 방법의 철저한 준비가 우리의 믿음의 초점을 하나님께 두도록 하기보다 자기 전도 방법의 무장에 두도록 할 수도 있기 때문에, 막상 전도 대상을 만났을 때는 모든 준비가 다 허사가 되고 마음은 두려움에 싸이게 됩니다. 사무엘상 17장에 보면, 다윗이 골리앗과 싸우러 나가고자 할 때 사울 왕은 자기 갑옷과 투구와 칼을 그에게 주어 무장하게 했습니다. 그러나 다윗은 사울의 갑옷을 입고 익숙지 못하여 시험적으로 이리저리 걸어 보다가 너무 불편하고 어색하여 입고 가지 못하겠다고 말하고 벗어 버렸습니다. 그리고는 단순하게 막대기와 돌멩이 다섯 개와 물매를 가지고 골리앗에게 나아갔습니다. 완벽하게 무장을 한 사울과 그 군사들은 골리앗 앞에서 무서워 떨고 있었으나, 오히려 그 무장이 매우 원시적이고 우스꽝스러운 다윗은 만군의 하나님 여호와의 이름으로 나갔기 때문에 도리어 겁 없이 담대하였으며 결국 놀라운 승리를 하였던 것입니다. 다윗의 경우가 마치 전도의 경험과 지식과 준비가 미숙하고 부족한 캠퍼스의 저학년 형제 자매들 같지 않습니까? 그러나 그 단순한 방법과 단순한 믿음의 열정이 모든 두려움을 내어 쫓고 담대하게 전도하여 많은 사람들로 예수님을 영접할 수 있게 하는 것입니다.

그러므로 우리의 마음과 전도의 방법을 단순화할 때 전도는 쉬운 것이라는 사실을 경험하게 될 것입니다. 왜냐하면 전도는 사람의 일이 아니라 하나님의 일이기 때문입니다. 다윗이 "여호와의 구원하심이 칼과 창에 있지 아니함을 이 무리로 알게 하리라. 전쟁은 여호와께 속한 것인즉 그가 너희를 우리 손에 붙이시리라"(사무엘상 17:47)고 말한 것같이, 우리도 우리가 준비한 방법을 의지하지 말고 하나님이 친히 하시는 일에 믿음으로 동참하는 태도로 나아가야 할 것입니다. 물론 전도할 때 진지하고 예의 있고 마음을 열어 내 말을 들어 보도록 접근하는 방법은 당연히 배워야 합니다. 심판자나 옛 이야기의 도사같이 접근하는 것은 매우 잘못하는 것입니다.

그러나 올바른 전도의 열정을 유지하려면 인간적 생각들을 배제할 줄 알아야 합니다. 하나님의 관심에서 떠나 사람을 의식하고 사람을 기쁘게 하고 사람을 두려워하면 전도의 열정이 식어집니다. 때때로 우리는 가장 이성적인 것과 가장 상식적인 것과 가장 논리적인 접근으로 인하여, 또는 지나친 문화정황론으로 인하여 스스로 속고 겁쟁이가 되어 전도의 불을 꺼지게 할 때가 있습니다. 이런 것을 조심해야 합니다.

우리가 출애굽 이후 광야에서 생활할 때의 이스라엘 백성들을 살펴보면 그들의 영적 삶은 상당히 미숙한 상태였던 것을 보게 됩니다. 실수와 허물투성이로 전혀 세련되지 않았습니다. 그런데 이상하게도 그들이 광야에서 그렇게 미숙한 상태로 살 때 하나님의 능력과 기적을 가장 많이 경험하였습니다. 참으로 그렇습니다. 그런데 가나안 땅에 돌아온 이후부터는 더 이상 이동 민족이 아니라 정착 민족이 되었습니다. 그곳에 와서는 모든 것이 잘 정리되었고 질서가 잘 잡혀 매우 체계적이고 세련된 삶을 살 수 있는 상황이 되었습니다. 그런데 오히려 그곳에서는 하나님의 역사가 별로 일어나지 않았습니다. 그들은 오히려 우상을 더 많이 섬기고 더 많은 죄를 짓는 상태에 있는 것을 관찰할 수 있습니다.

오늘날에도 체계적이고 세련된 방법론에는 매우 예민한 관심을 기울이면서, 이성적이고 합리적인 방법이 아니면 어떤 믿음의 시도도 하려 들지 않는 사람들이 기독교 내에 너무나 많이 있습니다. 그런 사람들이 지배적 분위기를 잡고 있다고 생각되지 않습니까? 그러나 이스라엘이 오히려 방법적으로 미숙했던 광야 시절에 하나님의 능력과 표적과 기사가 더 많이 일어났던 것을 기억해야 합니다. 지나치게 방법에 대해서 예민하여 '이것은 좋은 방법이고 저것은 너무 서툰 방법이다. 그것은 그 시대에는 맞아도 이 시대에는 안 맞는다. 이 방법은 그 문화에는 맞아도 이 문화에는 안 맞는다' 등으로 늘 방법 타령과 문화 타령만 하는 사람들 중 선교에 성공하는 사람들을 별로 보지 못했습니다.

해외에서든 국내에서든 다 마찬가지입니다. 빌립이 했던 방법은 있는 그대로 볼 때 오늘날 흔히 주장되고 있는 선교학이나 전도 이론의 관점에서는 그다지 효과적이지 못한 방법으로 생각될 수도 있습니다. 어떻게 보면 남의 인격을 무시하는 듯한 접근 방법이었습니다. 그러나 그를 통해서 놀라운 역사가 일어나지 않았습니까? 사람을 구원받도록 무조건 전도하는 일 자체보다 더 우선되는 어떤 방법론은 없습니다. 성령께서도 그런 사람에게 역사하시기 때문입니다. 성령께서 함께하는 어리석은 방법이 성령께서 함께하시지 않는 지혜로운 방법보다 더 능력이 있는 것입니다.

또 우리는 빌립의 사역을 통해서 많은 교훈을 배울 수 있습니다. 사역의 성공 속에 안정을 누리며 이제는 잘 조직된 그 무리들의 매니저가 되고 그 무리를 평생 자기 소유처럼 이끌고자 하는 풍조를 경계해야 합니다. 그것을 성공이라고 평가하는 사고방식도 버려야 합니다. 우리는 너무 빨리 사역의 매니저가 되려 하기보다는 어떻게 하면 자기를 계속 재생산하는 사람으로 지켜 나갈까 하는 생각을 해야 하는 것입니다. 그 작은 자가 천을 이루었다면 천 명 속에 사로잡혀 있지 말아야 합니다. 강국을 이루고 세계비전을 성취하는 방향으로 나아가야 합니다. 영적 재생산을 하는 일에 지속적으로 드려지는 사람은 타락하지 않고 경건하며 삶과 사역을 통하여 지속적으로 하나님의 능력을 경험하는 삶을 살지만, 관리만 하는 사람들은 실패를 경험할 위험이 많이 있는 것입니다. 그래서 우리는 항상 전도하고 양육하고 훈련하여 재생산하도록 돕는 일을 평생 하고 있어야 합니다. 내가 만약 큰 무리를 이끄는 책임을 지고 있는 사람이라 할지라도 나의 영적 재생산을 위해 여전히 나의 이삭을 키우고 있어야 하고 나의 디모데를 훈련시키고 있어야 합니다. 이것이 우리가 사마리아에서의 성공적인 사역을 떠나 광야로 갔던 빌립에게서 배울 교훈입니다. 이런 일이 내 삶에 지속적으로 실행되게 하기 위해서는 전도를 생활화하는 것이 절실하게 필요합니다. 재생산이 끝난 늙은 양 무리를 이끄는 목자는 그 양 무리가 아무리 크다 할지라도 그의 장래는 희망이 없는 것입니다.

5. 소수의 충성된 사람에게 집중함

어떤 사람들은 마음이 굳어 순종치 않고 무리 앞에서 이 도를 비방하거늘, 바울이 그들을 떠나 제자들을 따로 세우고 두란노 서원에서 날마다 강론하여. (사도행전 19:9)

소수의 충성되고 배우기를 원하는 올바른 사람에게 집중할 줄 아는 전략이 영적 재생산을 하는 데 매우 필요함을 이 말씀에서 배울 수 있습니다. 사도 바울 주변에는 많은 사람들이 있었습니다. 그런데 그들 중에는 유능하고 다재다능하며 예리하고 똑똑한 반면 마음이 굳어서 항상 자기주장만 하고 도무지 순종치 않는 그런 사람들도 있었습니다. 반대로 언제나 순종하는 태도와 단순한 마음으로 잘 배우는 사람들도 있었습니다. 그럴 때에 사도 바울은 불순종하는 무리로부터 떠나서 충성된 제자들을 따로 세워서 그들에게 날마다 성경 말씀을 가르치고 훈련한 것을 볼 수 있습니다. 문제가 있든 복잡한 일이 있든 무조건 사람들만 많이 모아 놓으면 된다고 생각하고, 양이든 염소든 개의치 않고 많이 모아서 자기 이름을 드러내는 데만 관심 기울이는 그런 영적 지도자가 되지 말고, 오히려 그 같은 데로부터 분리하여 떠나고, 온전히 헌신적이고 배우고자 하는 사람들을 중심으로 특별히 소수정예의 제자로 선택하여 훈련하고 도와 나가는 것이 중요합니다. 바울의 본을 통하여 바로 이런 전략을 배울 수가 있습니다.

우리에게는 항상 이런 선택의 기회들이 자주 옵니다. 자주 오는 기회는 또한 자주 놓치기가 쉬운 법입니다. 우리가 결정하는 단계에서 올바른 결정을 하지 못할 때가 많이 있습니다. 버려야 할 것을 버리지 못한다면 오히려 세월만 낭비하게 되는 것입니다. 작년에도 그 사람이었고, 올해도 그 사람이고, 내년에도 그 사람이고… 10년 후에도 늘 문제만 일으키는 그런 사람이 있습니다. 그런데 사도 바울은 그런 올바르지 못한 사람을 붙드느라고 애쓰지 않았습니다. 그는 정말로 충성되게 따르는 사람을 따로 세우고 그들에게 집중적으로 말씀을 가르치고 훈련하였습니다. 그러한 선택의 기회는 우리에게 언제나 있습니다. 지금이 바로 그때가 아닙니까? 이를 실천하지 않는다면 매우 중요한 재생산의 요소를 잃게 되는 것입니다.

그런데 흔히 기회는 문을 조용하게 노크하지만 유혹은 문을 박차고 들어오기 때문에 보통의 경우 종종 기회보다는 유혹을 따라서 갑니다. 가능한 대로 내가 이끄는 모임이나 교회나 팀에 사람이 많아야 한다든지, 내가 이끌고 돕는 사람들이 세상적으로 유능한 사람들로 구성되어야 한다든지 하는 생각이 바로 그 유혹입니다. 우리는 그런 유혹에 빠지지 말고 조용히 노크하는 소리같이 귀를 기울이지 않으면 잘 들리지 않는 기회를 따라야 합니다. 이렇게 조용히 노크하는 기회란 바로 올바르고 충성된 사람을 빨리 선택해서 그 사람에게 집중하는 것입니다. 이것이 영적 재생산의 비결입니다.

또 네가 많은 증인 앞에서 내게 들은 바를 충성된 사람들에게 부탁하라. 저희가 또 다른 사람들을 가르칠 수 있으리라. (디모데후서 2:2)

이 말씀에서 우리는 어떤 사람에게 부탁해야 하는지에 대하여 배웁니다. "여러분들은 나에게로 사람들만 많이 데려오십시오. 그러면 내가 그들에게 모든 것을 가르치겠습니다"라고 바울은 주장하지 않았습니다. 오히려 디모데에게 "나에게 들은바 주님의 진리와 사명을 충성된 사람들에게 부탁해야 한다"고 말하고 있습니다. 그러기 위해서는 자기가 먼저 충성된 사람이 되어야 하고 다음에는 다른 충성된 사람을 발견하고 세워서 그에게 일을 맡길 줄 알아야 합니다. 그러면 충성된 사람은 어떤 사람입니까?

먼저, 개인의 삶이 충성되어야 합니다. 말씀과 기도의 삶이라든지, 주님과의 관계라든지, 아무도 보지 않는 곳에서도 경건한 삶을 사는 것 등의 자질이 드러나는 사람이 충성된 사람입니다.

또한 영적 지도자와의 관계와 팀의 형제 자매와의 관계에서 겸손히 배우고 섬기는 일에 충성된 사람으로 살고 있는지를 보아야 합니다. 어떤 사람의 경우 자기는 그 영적 지도자 밑에서는 여러 면에서 맞지 않는 것이 많으므로 지도자를 바꿔 달라고 요구하는 사람도 있습니다. 그의 요구를 따라 새로운 리더 밑에서 배우게 해주면 그는 또 새로 바뀐 리더와도 여전히 문제가 있습니다. 그러면 또 다른 리더로 바꿔 달라고 합니다. 그래서 다시 바꿔 주면 그와도 또 문제가 있습니다. 그 정도가 되면 문제가 리더에게 있지 않고 자기에게 있다는 것을 그제라도 깨달아야 하는데 여전히 문제의 근원이 자신에게 있다는 것을 모르는 경우를 많이 보아 왔습니다. 교회 생활도 항상 비판적이어서 배우는 기회는 다 놓쳐 버리고 일 년이 멀다 하고 교회를 옮겨 다녀 봐도 만족스러운 교회를 발견하지 못하고 또 다시 옮겨 다닙니다. 어떤 훌륭한 목사님도 그의 비판의 칼 도마 위에서 가차 없이 요리되어 버리고 마는 것입니다. 처음에는 자기가 교회를 떠나 다른 교회로 옮기다가 나중에는 차라리 목사님을 갈아 치우는 운동에 앞장서는 것입니다. 사람은 남에게 문제가 있는 것은 단 십 분 만에 발견하는데, 자기에게 있는 문제는 환갑이 지나서야 조금씩 알게 된다는 말이 있습니다.

충성된 사람은 먼저 주님과의 관계에서 충성되어야 하고, 자기 개인의 생활에 충성되어야 하며, 영적 지도자와 팀웍에 충성되어야 하며, 또한 자기 개인의 사역에 충성되어야 합니다. 그런데 이 순서가 바뀌어서 자기 사역에는 매우 충성된 반면 앞의 다른 영역들에서는 거의 충성되지 못하고 열정적이지도 못한 사람이 있는데, 이런 사람은 자기 의만 중요시 여기고, 자기 영광과 자기 과시에만 관심 있는 사람일 경우가 많습니다. 외형적으로는 매우 뛰어난 재능을 발휘한다 해도 결국 그런 사람은 충성된 사람이 아닙니다. 우리는 오직 충성된 사람을 세워서 그 사람에게 나의 비전을 심어 주고 그 사람으로 재생산하는 사람이 되도록 도와 나가야 합니다.

바울은 디모데후서 2:2 말씀에서 충성된 사람들에게 부탁하라고 당부한 후, 바로 이어서 그 다음 구절부터 충성된 특징이 있는 몇 사람들을 예로 들어 충성스러운 삶에 대하여 설명하고 있습니다.

또 네가 많은 증인 앞에서 내게 들은 바를 충성된 사람들에게 부탁하라. 저희가 또 다른 사람들을 가르칠 수 있으리라. 네가 그리스도 예수의 좋은 군사로 나와 함께 고난을 받을지니, 군사로 다니는 자는 자기 생활에 얽매이는 자가 하나도 없나니, 이는 군사로 모집한 자를 기쁘게 하려 함이라. 경기하는 자가 법대로 경기하지 아니하면 면류관을 얻지 못할 것이며, 수고하는 농부가 곡식을 먼저 받는 것이 마땅하니라. (디모데후서 2:2-6)

3절부터 나오는 예들이 그 내용입니다. 이 구절들에서 설명하고 있는 사람들의 특성들을 통해서 재생산을 위해서 배워야 할 교훈들이 무엇인가를 생각해 보고자 합니다.

첫째로 군사와 같은 사람입니다. 군인의 대표적인 특징은 여기에 이야기한 대로 자기 생활에 얽매이는 자가 하나도 없다는 것입니다. 이는 군사로 모집한 자를 기쁘게 해드리기 위함이라고 했습니다. 군인은 항상 출동 준비를 갖춘 상태에 있어야만 합니다. 군인이 복무하다가 아무 때나 개인적으로 무슨 일이 있다고 "나 집에 갔다 올게요" 하며 임의로 부대 밖으로 나간다든지, 혹은 한참 훈련 도중에 "나 이제 공부 좀 하고 싶으니 도서관에 가야겠습니다"라고 한다든지, 또는 "내 사생활도 있어야지 이게 뭡니까?"라는 식으로 군 생활을 한다면 군인이 될 수 없습니다. 우리가 다리의 존재를 의식할 때는 다리에 문제가 있기 때문입니다. 눈이나 귀의 존재를 의식할 때는 거기에 병이 난 것입니다. 이와 같이 자신의 존재를 의식할 때는 이미 주님을 위한 충성된 군인으로서 문제가 있는 것입니다. 충성된 군인은 자신을 버리는 사람입니다. 자기 생활에 얽매어 있지 않는 사람입니다. 군인은 오직 문자 그대로 군인이어야 합니다. 그래서 충성된 사람의 표상 중에 하나가 군인 같은 사람이 되는 것입니다. 우리 모두는 하나님의 전신갑주를 입고 있는 그리스도의 군사들입니다(에베소서 6:10-17).

또 5절에는 경기하는 운동선수를 충성된 사람의 좋은 예로 말씀하고 있습니다. 왜냐하면 그는 법대로 경기를 해야 하기 때문입니다. 자기가 하고 싶은 대로 경기하면 아무리 열심히 하는 것같이 보여도 실격이 됩니다. 자기 마음에 들지 않아도 정해진 규칙을 따라 경기를 해야 합니다. 개인 생활에서도 그렇습니다. 자고 싶을 때 자고, 먹고 싶은 것을 아무거나 다 먹고, 쉬고 싶을 때는 아무 때나 쉬고, 자기 마음 내키는 대로 자유롭게 유유자적하는 사람은 결코 운동선수가 될 수 없습니다. 영적 재생산에서도 법대로 하지 않는 선수는 결국 심각한 결과에 직면하게 됩니다. 왜냐하면 하나님이 주시는 면류관을 받지 못하기 때문입니다. 경기하는 자는 경기의 규칙을 반드시 지키고 코치의 말을 정확하게 듣고 자신을 쳐서 복종시키는 훈련을 잘해야 훌륭한 선수가 될 수 있습니다.

나에게 테니스를 가르쳐 준 한 선수가 있었습니다. 그는 한때 한국의 테니스 국가대표로 아주 유명한 선수였는데 초보자와 게임을 할 때도 공 하나하나를 진지하고 정성스럽게 받아

넘기는 것이었습니다. 나는 자주 장난도 치고 싶고, 안 될 일을 시도해 보기도 하는데, 그는 전혀 그렇게 하지 않았습니다. 그는 자기 전문이 아닌 농구나 탁구 등 다른 운동을 할 때도 한 포인트 한 포인트를 너무도 진지하게 다루는 것이었습니다. 이와 같은 태도가 그를 성공적인 선수가 되게 한 것입니다. 영적인 군사로서 살아가는 데도 마찬가지입니다. 성령님을 의뢰하며 진지하고 헌신적이며 끈기와 줄기찬 면이 있어야 합니다.

6절에서는 충성된 사람에 관하여 농부를 예로 들어 설명하고 있습니다. 농부에 대하여 언급한 내용 중 대표적인 단어는 '수고'입니다. 열매를 얻기 위해 때가 올 때까지 인내해야 하고 또 부지런해야 합니다. 또한 자기의 농사지은 열매를 사랑해야 합니다. 농사짓는 그것이 벼든지 보리든지 포도든지, 그것이 무엇이든지 그 열매를 사랑해야 합니다. 그것이 농부의 마음입니다. 이 마음이 농부의 모든 근면의 수고와 인내의 수고를 가능하게 하는 것입니다. 이러한 농부처럼 사는 사람이 충성된 사람입니다.

농부들은 이른 새벽 별을 보고 들로 나가고 늦은 저녁 별을 보며 돌아옵니다. 황소 굴레에 달린 풍경소리를 은은히 들으며 종일 들에서 수고한 하루를 보람스럽게 여기며 돌아옵니다. 이렇게 하여 맺어진 수고의 열매를 추수할 때 그 열매는 장미꽃보다 더 아름답고 면류관보다 더 자랑스러워 보입니다. 우리 모두도 복음의 씨앗을 뿌리는 농부로, 또 그 열매로 재생산을 하는 농부로 부름을 받았습니다. 끝까지 수고하는 충성된 영적 농부가 되어야겠습니다.

얼마 전에 주님께 가신 덕 스팍스 선교사님의 경우 대학교 2학년 때에 네비게이토 선교회 회장인 도슨 트로트맨이 그를 만나서 그에게 선교사로 나가겠느냐고 물었습니다. 그때 그는 "저 아직 대학을 졸업하려면 2년이 더 남았습니다. 학교는 졸업해야 하니까요"라고 말하지 않았습니다. 대부분의 사람들은 대개 그렇게 대답했을 것입니다. 그것이 상식이고 또한 이상적인 것입니다. 부모와 가족과의 마찰도 생기지 않습니다. 또한 대학 졸업자라는 자격이 장래에 유용하게 사용되는 것도 사실입니다. 그러나 하나님께서 특별하게 지금 부르셨다는 사실을 믿음으로 분별했을 때 그는 망설이지 않았습니다. 그는 "지금 떠나겠습니다" 하고 바로 대만으로 선교사로 나갔고, 그 이후 50년이 넘게 한결같은 마음으로, 달려갈 길을 마치는 경기하는 선수처럼, 수고하는 농부처럼, 그리고 그리스도의 좋은 군사로서 살아왔습니다. 그를 통한 영적 재생산은 그가 떠난 후에도 아시아, 유럽, 중동, 아프리카 등 세계 곳곳에서 지금도 계속되고 있습니다.

앞에서 이미 언급한 밥 보드만 선교사님은 어떻습니까? 육체의 핸디캡 때문에 다른 일을 포기하고 단순히 나라에서 주는 국가유공자 연금이나 받아 쓰며 별 의미 없이 여생을 보내도, 그는 이미 자기 조국을 위해 희생한 군인으로서의 명예를 유지하면서 그 정도의 보람으로 살았을 것입니다. 그러나 자기와 싸운 나라, 자기를 장애자로 만든 원수의 나라인 일본에 선교사로 가는 헌신의 결단을 함으로써, 그 이후 지금까지 더 가치 있고 더 영원한 그리스도의 군사로, 돌밭 같은 선교의 불모지를 일군 영적 농부로, 또 달려갈 코스를 마친 경기자로서 충성된 삶의 모범을 보여 주었던 것입니다. 앞으로도 일본에서 그의 영적 재생산의 열매들은 계속 배가되어 갈 것입니다. 이것은 충성된 사람의 면류관입니다.

길가나 돌밭 혹은 가시떨기로 뒤덮인 밭 같은 마음을 가진 사람들을 만나 보면 항상 변명이 많고 핑계 거리가 많습니다. 그리고 항상 남을 원망합니다. 그들의 원망은 일견 매우 정확한 근거가 있으며 날카롭습니다. 광야에서의 이스라엘 백성들의 불평과 원망들은 대부분 인간적 정황으로 볼 때 다 그럴듯한 근거들이 있었습니다. 그러나 좋은 땅과 같은 마음을 가진 사람은 보드만 선교사님같이 자기의 핸디캡을 넘어 서서 자신을 온전히 충성된 사람으로서 하나님께 헌신하여 영적 열매를 맺고 또 재생산하는 사람이 됩니다. 그래서 주님께서는 삼십 배, 육십 배, 백 배의 영적 재생산을 말씀하시면서 마태복음 13:9에서 "귀 있는 자는 들으라"고 촉구하고 계십니다. 우리가 들을 귀가 있다면 이 말씀이 무슨 뜻인지 들을 줄 알아야 합니다.

디모데후서 2:7에서는 사도 바울이 디모데에게 "내 말하는 것을 생각하라"고 말씀하고 있는데, 이것은 앞의 마태복음 13:9과 같은 의미의 말씀입니다. 이 말씀은 3절부터 6절까지의 군인 같은 사람, 경기자와 같은 사람, 농부와 같은 사람이 어떤 사람인지를 생각해 보라고 디모데에게 촉구하고 있는 것입니다. 그것을 생각하고 묵상한다면 "주께서 범사에 네게 총명을 주시리라"고 격려하고 있습니다. 군사와 운동선수와 농부의 충성스러운 삶을 깊이 생각해 보면 디모데뿐만 아니라 어느 누구에게라도 하나님께서 그 교훈이 주는 통찰력과 영적 삶의 적용 능력을 풍성히 주실 것을 믿습니다.

6. 믿음의 사람이 됨

믿음이 없어 하나님의 약속을 의심치 않고, 믿음에 견고하여져서 하나님께 영광을 돌리며, 약속하신 그것을 또한 능히 이루실 줄을 확신하였으니. (로마서 4:20-21)

재생산을 위한 또 다른 중요한 자질 중의 하나는 내 자신이 먼저 믿음의 사람이 되는 것입니다. 성경에서 우리가 아브라함을 관찰해 보면 그는 무엇보다도 믿음의 자질을 잘 갖추고 있는 사람이었습니다. 그는 인간적인 면에서 어떤 희망적인 조건과 자질을 갖추고 있는 것은 별로 없었습니다. 그는 이미 늙은 나이라는 어려운 조건에다 나타낼 만한 특별한 재능도 없는 그런 사람처럼 보이지만, 믿음의 자질이 아주 특출하였습니다. 우리에게도 바로 그런 믿음이 필요합니다. 또 그의 아내 사라에 관하여 히브리서 11:11에서 증거하는 내용을 살펴보면, 사라 자신도 약속을 똑같이 믿고 있는 것을 볼 수 있습니다.

우리가 지난 세월들을 뒤돌아본다면, 많은 그리스도인들은 지금까지 살아온 자기의 과거가 너무나 믿음이 부족한 가운데 살아온 것을 반성하게 되고 과거의 실패에 사로잡혀 힘을 잃게 되는 것을 봅니다. '나는 그런 믿음을 가져 본 적이 없었는데 어떻게 하지? 아브라함의 믿음 같은 수준은 나하고는 너무나 거리가 멀어!' 이렇게 과거의 부족함에 매여 좌절하기가 쉽습니다. 그러나 지나간 과거가 현재의 나를 넘어지게 해서는 안 됩니다. 오히려 나의 미래의 믿음을 바라보고 희망을 가져야 합니다. 과거라고 하는 것은 항상 누구나 흠이 많고 문제가 많습니다. 부끄러운 것이 많고 후회가 많은 것입니다. 그런데 미래라고 하는 것은 누구에게나 흠이 하나도 없고 깨끗한 것이 아닙니까? 아무도 더러운 것으로 짓밟지 않은 깨끗한 미래에 우리의 희망을 걸어야 하지 않겠습니까?

흠이 있는 과거에 집착하지 말고 깨끗한 미래에 대한 믿음의 삶으로 재생산의 열매가 풍성한 삶이 되도록 자신을 주님께 헌신해야겠습니다. 부끄러운 것도 많고 흠도 많은 과거에 더 이상 포로가 되어 있지 말아야 합니다. 그런 것을 떨쳐 버리고, 깨끗하게 펼쳐져 있는 미래를 위해 거기에 믿음을 걸고 하나님 앞에 나아가야 합니다. 그리고 하나님 앞에서 "하나님께서 저를 통해 영적 재생산을 이루시는 일에 제 미래를 바치겠습니다"라고 헌신하게 되면, 우리도 아브라함처럼 될 수 있고 사라처럼 될 수 있습니다. 죽은 자와 방불한 한 사람이 믿음으로 말미암아 하늘의 허다한 별과 또 해변의 무수한 모래와 같이 많이 생육하게 된 것처럼(히브리서 11:12), 우리도 믿음의 사람이 될 때 모든 불가능의 벽들을 뛰어넘고 영적 재생산을 하게 될 것입니다.

7. 화평한 인간관계

모만한 자는 성읍을 요란케 하여도 슬기로운 자는 노를 그치게 하느니라. (잠언 29:8)

여기서 모만한 자란 거만하여 남을 조롱하는 자, 남을 깔보고 비아냥거리고 심술을 부리는 그런 성격을 가진 사람을 말합니다. 그런 사람은 성읍을 항상 요란케 한다고 했고, 반면에 슬기로운 사람은 노를 그치게 한다고 했습니다. 영적 재생산의 사역은 결국 인간관계로 이루어지는 것입니다. 어떤 다른 매개체로 이루어지는 것이 아니라 사람과 사람에 의해서 이루어지는 것이므로 슬기로운 사람이 되어야 합니다. 이런 모만한 자, 심술부리는 사람을 통해서는 영적 배가가 이루어질 수 없는 것입니다. 슬기는 말씀의 권위에 순종하며 사리를 분별하고 처리할 줄 아는 지혜와 그 적용 능력을 말하며, 또한 사람을 말씀의 진리와 권위 가운데 다룰 줄 아는 능력을 말합니다. 내가 나타나기만 하면 항상 문제가 많이 일어나고 여러 사람의 얼굴이 어두워지고 요란한 분위기가 된다면 나는 모만한 사람인 것이며, 내가 나타나기만 하면 주변 모든 사람들의 분노가 그치게 되고 평화롭고 웃고 즐겁고 행복해 한다면 나는 슬기로운 사람인 것입니다. 그 차이 때문에 내가 영적 재생산을 할 수 있든지 못하든지가 좌우된다면 나는 어떤 사람으로 계발되어 가야 하는가를 진지하게 생각해 볼 필요가 있습니다.

직장이나 캠퍼스 또는 가정에서 내가 없으면 빈자리를 느끼며 아쉬워하고 나타나기를 기다리는 사람이 되어야 합니다. 그렇게 되기 위해서는 평소에 그들을 섬기는 사람이 되어야 하고, 마음을 열고 그들의 답답한 속을 풀어 주는 사람, 시원하게 해주는 사람이 되어야 하고, 재미있고 활기찬 분위기를 만들어 주는 사람이 되어야 합니다. 때로는 형님 같고, 때로는 친구 같고, 때로는 해결사 같은 사람이 되어야 하며, 또 어떤 때는 수준 높은 재담가가 되어야 합니다. 재담이나 농담을 시리즈로 외워 가지고 순서나 번호에 따라서만 농담을 할 줄 알고 그 외의 시간은 심각하고 무뚝뚝한 사람이 되는 것은 바람직한 것이 아닙니다. 사람 자체가 자연스러운 가운데 재미있고 재치가 있는 유머러스한 사람이 되어야 합니다. 이런 사람이 되는 것은 쉬운 일이 아니지만 그들을 사랑하고 그들을 위해 기도하고 그들에 대한 개인적 관심을 갖는다면, 또한 그들을 통해 영적 재생산을 하고자 하는 열정을 갖는다면, 한 단계씩 한 단계씩 발전하여 갈 것입니다.

> 모든 것이 하나님께로 났나니, 저가 그리스도로 말미암아 우리를 자기와 화목하게 하시고 또 우리에게 화목하게 하는 직책을 주셨으니, 이는 하나님께서 그리스도 안에 계시사 세상을 자기와 화목하게 하시며, 저희의 죄를 저희에게 돌리지 아니하시고 화목하게 하는 말씀을 우리에게 부탁하셨느니라. 이러므로 우리가 그리스도를 대신하여 사신이 되어, 하나님이 우리로 너희를 권면하시는 것같이 그리스도를 대신하여 간구하노니, 너희는 하나님과 화목하라.
> (고린도후서 5:18-20)

위의 말씀과 같이 복음은 하나님과 나를 화목되게 하셨고, 우리로 화목하게 하는 직책으로 복음을 들고 나아가는 화목의 사신이 되게 하신 것입니다. 선전포고를 하러 가는 사신과 평화를 전하러 가는 사신 중 누가 더 쉽고 복된 직책이 되겠습니까? 하나님은 우리에게 화목케 하는 복된 직책을 주신 것입니다. 이 놀라운 직책을 잘 수행하기 위해서 다른 사람과 항상 화평한 관계를 유지해 감으로 매력적인 사람이 되어야 하겠습니다.

8. 복음 중심적인 삶

너희 아는 바와 같이 우리가 먼저 빌립보에서 고난과 능욕을 당하였으나 우리 하나님을 힘입어 많은 싸움 중에 하나님의 복음을 너희에게 말하였노라. (데살로니가전서 2:2)

이 세상에서 복음을 쉽게 전할 수 있는 많은 조건들이 다 준비되고, 그리고 또 그런 준비된 곳에서 "와서 전해 주십시오" 하고 요청한다면 복음을 전하지 못할 사람이 누가 있겠습니까? 그런데 사도 바울이 처한 선교지는 정말로 복음 전하기가 거의 불가능하고 스스로 포기를 해도 아무도 탓하지 않고 오히려 마땅하다 여길 수 있는 그런 곳이었습니다. 그런데도 불구하고 그는 복음이 아닌 2차적 혹은 3차적 접근 방법인 다른 무엇을 시도하지 않고 오직 복음 중심으로 살았습니다. 이와 같이 우리도 어떠한 고난 중에서도 오직 복음 중심의 마인드가 있어야 하겠습니다. 어디를 가나 어떤 상황을 맞이하나 항상 복음에 최고의 가치를 가지고 사는 그런 사고방식과 정신을 가지고 있어야 영적 재생산을 할 수 있는 것입니다.

바울은 사도행전 20:24에서 "나의 달려갈 길과 주 예수께 받은 사명 곧 하나님의 은혜의 복음 증거하는 일을 마치려 함에는 나의 생명을 조금도 귀한 것으로 여기지 아니하노라"고 선언하고 있습니다. 복음의 가치는 너무나 크고 고귀한 것이기 때문에 이를 전파하기 위해서는 삶과 죽음이 문제가 되지 않았습니다. 어찌하든지 무서운 고난과 죽음만은 피해 가며 전해야 한다는 그런 선교학과는 거리가 먼 정신이었습니다.

데살로니가전서 2:4에서, 복음 전파는 사람을 기쁘게 하려는 방법으로 전하는 것이 아니라 오직 하나님을 기쁘시게 하는 목표와 방법과 동기로 해야 함을 배울 수 있습니다. 그렇게 할 때 결국은 사람까지도 기쁨이 되게 하는 것입니다.

갈라디아서 1:10에서 바울은 "이제 내가 사람들에게 좋게 하랴, 하나님께 좋게 하랴? 사람들에게 기쁨을 구하랴? 내가 지금까지 사람의 기쁨을 구하는 것이었더면 그리스도의 종이 아니니라"라고 했습니다. 쉽고 편하고 사람들에게 어려움을 당하지 않고 오히려 인기를 얻으며 전하려는 마음이 싹트고 자라서 다른 복음을 만들어 내는 것입니다. 그러나 결코 복음이 사람의 뜻으로 인하여 변질되어서는 안 됩니다. 복음에서만큼은 절대로 타협이나 변질을 가져와서는 안 됩니다. "우리나 혹 하늘로부터 온 천사라도 우리가 너희에게 전한 복음 외에 다른 복음을 전하면 저주를 받을지어다"라고 갈라디아서 1:8에서 경고하고 있습니다.

복음만이 유대인이든 이방인이든 모든 인간에게 완전한 구원을 받게 해주기 때문에 바울은 세상 사람들이 복음을 어떻게 생각하든 복음을 부끄러워하지 않고 오히려 자랑스러워했습니다(로마서 1:16 참조). 표적을 구하는 유대인에게는 십자가가 표적의 기대가 무너진 것같이 보이고 실패한 것처럼 보이고 장애물같이 보입니다. 또 지식과 지혜를 추구하는 헬라인들에게는 십자가는 미련한 선택을 한 것같이 보입니다. 그러나 하나님의 미련한 것이 사람보다 지혜 있고 하나님의 약한 것이 사람보다 강하기 때문에(고린도전서 1:22-25) 믿는 우리는 바울과 같이 '우리 주 예수 그리스도의 십자가 외에 결코 자랑할 것이 없다'라고 주장할 수 있는 것입니다(갈라디아서 6:14).

예수님께서 십자가를 통해 우리의 모든 죄를 사하시고, 우리를 거스리고 우리를 대적하여 죄인이라고 고소하는 의문에 쓴 증서인 율법의 죄에 대한 채무증서를 도말하시고 제하여 버리사 십자가에 못 박으시고, 우리를 포로처럼 사로잡고 있는 악의 정사와 권세로부터 해방시켜 주셨음을 밝히 드러내시고 십자가로 승리하셨기 때문에(골로새서 2:13-15), 십자가의 복음은 우리의 자랑이며 승리의 개선가이며 우리 입술의 증거인 것입니다.

그러므로 바울은 이 놀라운 복음을 전하기 위하여 철저하게 복음주의적인 가치관을 가지고 살았으며, 이로 인하여 수없이 매 맞기도 하고 굶주리기도 하고 위험과 조롱과 위협 가운데 고난의 연속 속에서 살았고 여러 번 옥에 갇히기도 하고 여러 번 죽을 뻔하기도 하였으나(고린도후서 11:23-27), 이 모든 것이 오히려 그에게는 복음의 진보에 도움이 된 것으로 여겨 감사하였습니다(빌립보서 1:12-14).

또 바울은 에베소서 6:19에서 자신을 위한 참으로 많고 많은 기도 제목들이 있을 텐데도 오직 "나로 입을 벌려 복음의 비밀을 담대히 알리게 하옵소서 할 것이니"라고 기도 부탁을 하고 있는 것으로 보아, 바울이 얼마나 철저하게 복음 중심적 사명 가운데 살았는가를 깨달을 수 있는 것입니다. 우리도 잠깐 있다 없어지는 그림자같이 짧은 인생을 살면서 내 생애를 무엇에 헌신해야 하겠습니까? 오직 복음 중심적 관심으로 자신을 불태워야 하지 않겠습니까?

9. 하나님을 기뻐하는 삶

여호와를 기뻐하는 것이 너희의 힘이니라. (느헤미야 8:10)

영적 재생산의 삶은 우리의 지혜나 전략이나 힘으로 되는 것이 아닙니다. 인간의 능력으로 이 일을 이루려 하다가는 머지않아 힘을 잃고 자포자기합니다. 환경도 부정적이고, 사람들은 완악하게 보이고, 또 나 자신을 살펴보면 더욱더 힘이 빠질 수밖에 없는 정말 보잘것없고 무기력하여 자신감이 없는 존재인 것을 발견하게 됩니다. 새로운 방법이나 비책은 없을까 하여 아무리 바삐 여기저기 다니며 배우고 수고해 봐야 별 효과를 보지 못하는 것을 알게 되고, 또 다시 깊은 좌절의 늪에 빠져들게 됩니다.

바울은 다른 사람에 비해서 더욱 육체를 신뢰할 만한 조건과 자질을 갖추고 있었으나 그의 모든 육체적 자랑거리를 잃

어버리고 배설물로 여긴 것은, 오직 하나님의 성령으로 봉사하며 그리스도 예수로 자랑하고 육체를 신뢰하지 아니하는 것이 올바른 할례당이며, 그리스도를 얻고 그 안에서 발견되는 '믿음으로 말미암은 의'의 열매가 육체를 신뢰하여 얻으려는 '율법에서 난 의'의 열매보다 비교할 수 없이 온전한 의가 되는 것임을 믿었기 때문입니다(빌립보서 3:3-9).

그러므로 우리는 우리의 육체의 연약함을 한스러워하기보다 오히려 그리스도와 함께 자신을 십자가에 못 박아야 합니다. 그리고 느헤미야 8:10 말씀같이 여호와를 기뻐하는 것에 초점을 맞추어야 합니다. 이렇게 할 때 여호와를 기뻐하는 결과로 힘을 얻게 되고 영적 재생산을 경험하게 됩니다.

> 비록 무화과나무가 무성치 못하며 포도나무에 열매가 없으며 감람나무에 소출이 없으며 밭에 식물이 없으며 우리에 양이 없으며 외양간에 소가 없을지라도, 나는 여호와를 인하여 즐거워하며 나의 구원의 하나님을 인하여 기뻐하리로다. 주 여호와는 나의 힘이시라. 나의 발을 사슴과 같게 하사 나로 나의 높은 곳에 다니게 하시리로다. (하박국 3:17-19상)

우리가 진지한 마음으로 주님께 헌신하고, 하나님의 약속과 그 가치를 믿으며, 어찌하든지 나의 영적 재생산의 열매를 통해 세계비전이 성취되어 나가는 것을 내 생애를 통해 보기를 원하고 있지 않습니까? 그리고 또한 언젠가 온 세상 열방이 주님께 경배하며 주님을 찬양하는 결과가 올 것을 꿈꾸며 매일 같이 충성스럽게 살아가고 있지 않습니까? 그런데도 불구하고 이 말씀과 같이 오히려 나의 밭에는 소출이 없으며 식물이 없으며 우리와 외양간이 텅텅 비어 있는 상태를 보게 됩니다. 이렇게 될 때 우리는 당연히 말할 수 없는 절망과 좌절에 빠지게 되는 것입니다. 누구나 그럴 수 있습니다. 그러나 그럴 때일수록 오히려 우리는 우리의 시야를 나의 사역의 현시적 결과에 두지 말고, 여호와를 인하여 즐거워하며 나의 구원의 하나님을 인하여 기뻐하는 믿음의 시야에 초점을 맞추어야 합니다. 이렇게 할 때 19절 말씀과 같이 주님의 능력을 경험하게 되고, 힘없던 나의 발이 사슴처럼 나의 높은 곳, 즉 내가 힘들어하고 미치기 어려워했던 곳을, 또는 영광스러운 높은 수준의 곳을 힘차게 다니게 되고, 영적 재생산의 사역이 지속될 수 있게 되는 것입니다.

주님 오시기 600여 년 전에 살고 있었던 하박국 선지자에게

는 모든 것이 부정적인 상황이었지만 그는 흔들리지 않는 메시야에 대한 확신으로 인하여 기뻐할 수 있었습니다. 그와 같이 우리도 앞으로 그리스도 안에서 이루어질 영광스러운 약속 성취를 믿음으로 내다보며 여호와를 인하여 즐거워하고 기뻐해야 합니다. 사탄은 현재의 부정적 상황을 가지고 나를 속이려 하지만 나는 그 속임수에 넘어가지 말아야 합니다.

시편 32:9에서는 자갈과 굴레로 단속해야만 움직이는 무지한 말이나 노새같이 되지 말라고 말씀하십니다. 나의 고집과 교만은 나로 하여금 하나님으로 말미암아 일이 성취되는 것을 즐거워하지 않고 내 힘과 나의 의 또는 내 재능으로 일이 이루어지기를 원하게 합니다. 그러다가 하나님께서 자갈과 굴레로 나를 세차게 잡아당기시면 그때서야 아프고 괴로워서 어쩔 수 없이 겨우 하나님이 원하시는 방향으로 움직이게 됩니다. 이런 사람은 노새와 같은 사람입니다. 그러므로 10절에서는 자기를 신뢰하지 말고 여호와를 신뢰하라고 말씀하십니다. 그렇게 할 때 하나님의 인자하심을 경험하게 됩니다. 자기가 더 옳다고

하나님 앞에서 교만과 고집으로 끝까지 버티고 있지 말고 겸손히 굴복해야 합니다. 겸손은 사람을 의식하는 것이 아니라 하나님을 의식하는 태도입니다. 사람에 대하여 매우 예민한 사람이 외형적으로 겸손한 것같이 보일 수도 있으나 오히려 그것은 비굴한 태도일 때가 더 많습니다. 그러나 하나님을 의식하는 사람은 진정으로 겸손한 사람이 됩니다. 그 사람은 하나님께 굴복합니다. 하나님 앞에 낮아집니다. 이것이 여호와를 신뢰하는 태도입니다. 그리고 그 낮은 곳에는 하나님의 축복이, 그 인자하심이 두르게 된다고 10절에 말씀하고 있습니다.

> 악인에게는 많은 슬픔이 있으나 여호와를 신뢰하는 자에게는 인자하심이 두르리로다. (시편 32:10)

이 구절에서 악인은 누구입니까? 하나님께 무릎 꿇지 않는 고집 센 노새나 말과 같은 사람입니다. 그 사람에게는 많은 슬픔이 있다고 했습니다. 봄에 들판에 나가 보면 제일 낮은 곳에서부터 새싹이 돋아나는 것을 볼 수 있습니다. 높은 곳에는 아직도 얼음과 눈이 있고 나뭇가지들은 앙상하기만 합니다. 그러나 저 밑의 낮은 곳에는 새싹이 힘차고 아름답게 솟아납니다. 하나님 안에서 영적 재생산을 원하는 사람은 여호와를 신뢰함으로 주님께 굴복하여 겸손한 사람이 되어야 합니다. 그리고 겸손한 사람은 자기로 말미암은 것을 기뻐하지 아니하고 시편 32:11 말씀과 같이 여호와를 기뻐하며 즐거워하는 사람입니다. 그러므로 모든 것이 주님으로 말미암는 믿음으로 살아가야 합니다.

10. 승리의 삶의 본

나의 교훈과 행실과 의향과 믿음과 오래 참음과 사랑과 인내와 핍박과 고난과 또한 안디옥과 이고니온과 루스드라에서 당한 일과 어떠한 핍박 받은 것을 네가 과연 보고 알았거니와 주께서 이 모든 것 가운데서 나를 건지셨느니라. (디모데후서 3:10-11)

디모데는 바울에 대하여 참으로 알고 있는 것이 많았는데, 그 알고 있는 것들에는 바울의 교훈, 행실, 의향, 믿음, 오래 참음, 사랑, 인내, 핍박, 고난, 그리고 또한 비시디아와 안디옥에서의 핍박과 쫓겨남과 이고니온과 루스드라에서 당한 죽음 직전까지 갔던 핍박들이 있습니다. 디모데는 이 모든 것을 다 보고 알았는데, 바울은 이 말씀을 통해 '이 모든 것에서 주님께서 나를 건져 주신 것처럼 너도 건져 주실 것이니까 이 승리의 모범을 보고 따르라'고 말하고 있는 것입니다. 이와 같이 우리도 우리가 돕는 믿음의 후손들에게 말해 주고 보여 줄 수 있는 승리의 모범이 우리에게 있을 때 영적 재생산이 더욱 가능하게 되는 것입니다. 인간의 약점이 하나도 없는 모범을 보일 수 있는 분은 예수님 한 분뿐이십니다. 예수님 외에는 아무도 없습니다. 그러나 승리의 모범을 보여 줄 수 있는 사람은 될 수 있습니다. 그럴 때 다른 사람이 나를 신뢰하고 나에게 배우고 따르기 때문에 영적 재생산이 가능할 수 있는 것입니다. 승리하지 못하는 사람을 보고 누가 그 사람의 말을 믿고 따르고 배우겠습니까?

바울은 온갖 어려움이 수없이 많았지만 결국 그런 가운데서도 주님의 도우심으로 말미암아 승리하는 삶을 살았고, 그것을 디모데가 듣고 또 보았기 때문에 그에게 '너도 승리할 것을 믿고 나와 같은 삶을 살라'는 뜻의 말을 담대하게 할 수 있었던 것입니다. 또 바울이 디모데후서 4:5에서 "너는 모든 일에 근신하여 고난을 받으며 전도인의 일을 하며 네 직무를 다하라"고 인간적으로 말하기 매우 어려운 명령을 자유로운 말로 할 수 있었던 것도 승리의 모범을 이미 디모데에게 보여 주었기 때문입니다.

11. 일반 직업인으로서의 영적 재생산의 확신

형제들아, 우리의 수고와 애쓴 것을 너희가 기억하리니, 너희 아무에게도 누를 끼치지 아니하려고 밤과 낮으로 일하면서 너희에게 하나님의 복음을 전파하였노라. (데살로니가전서 2:9)

여기에 사도 바울이 경제적 필요를 위하여 스스로 자기 직업을 가지고 그 일행과 함께 일하면서 사역한 것을 볼 수 있습니다. 밤과 낮으로 일하면서 복음을 전파하였다고 말씀하고 있습니다. 기독교는 전임사역자들에 의해서 그 사역이 잘 이루어져 갈 뿐만 아니라, 또한 앞으로는 갈수록 자기 직업을 가지고 자비량하면서 사역하는 많은 사람들에 의해서 사역이 더욱 힘차게 발전되어 나가는 것이 매우 이상적인 것임을 이 말씀을 통해서 배울 수가 있습니다. 또 현대의 기독교의 상황을 보아도 자비량 일꾼들의 효과적인 사역을 장려하는 것이 매우 필요함을 볼 수 있습니다.

해외 선교에 있어서도 전임선교사들에 비해서 자기 직업을 가지고 나가는 자비량 선교사들은 중복된 일로 인하여 시간도 없고 정신없이 바쁜 생활 때문에 아무 사역도 하지 못할 것같이 보입니다. 그러나 그들의 골몰무가(汨沒無暇)함에 비해서는 오히려 그들의 열매가 더 풍성한 경우가 많습니다. 물론 성공적인 전임선교사들도 많습니다. 그러나 시간이 많은 사람과 시간이 부족하고 분주한 입장을 비교하여 참고로 생각해 본 것입니다. 왜 그럴까, 이유가 무엇일까를 생각해 보면 자비량 선교사들은 전임선교사보다 사역의 결과에 대한 정신적 부담이 더 적습니다. 그것이 오히려 여유와 건강과 자신감을 주기도 합니다. 또 경제적 공급에 대한 예민성이 적고 남을 의식하는 부담감에서 많이 자유로운 편입니다. 또 주변 사람들에게 누를 끼치지 않고 본을 보이기도 합니다. 이런 것이 매우 중요한 조건이 된다고 볼 수 있습니다.

국내외를 막론하고 전임사역자들에 대해서는 사람들이 그의 직업이니까 직업의식으로 당연히 그렇게 해야 한다고 생각할 수 있기 때문에 매우 뛰어난 지도자의 능력을 갖추고 있지 않는 한 따르는 사람들이 배우는 일에 감동을 받기가 쉽지 않습니다. 그렇지만 자비량하는 자기 직업을 가진 일꾼에 대해서는, 그 사람도 직장인이고 나도 같은 직장인인데 같은 환경과 입장에서 그가 저렇게 말하는 데는 뭔가 비밀이 있지 않은가 하는 호감과 관심을 갖게 되어 오히려 쉽게 배울 수가 있기 때문에 영적 재생산의 사역이 더 잘될 수 있다고 생각합니다. 그러므로 자기 직업과 노동을 사역의 시간을 빼앗기게 하는 문젯거리로 생각하고, 직업을 버리고 전임사역자가 되어야만 사역을 효과적으로 잘할 수 있다고 생각하는 것은 너무나 단순한 판단일 수 있습니다. 일반 직업인으로서 영적 재생산의 확신을 가지고 자기 자신을 헌신하는 것은 아주 가치 있는 일입니다.

12. 균형 있는 양육

오직 우리가 너희 가운데서 유순한 자 되어 유모가 자기 자녀를 기름과 같이 하였으니… 너희도 아는 바와 같이 우리가 너희 각 사람에게 아비가 자기 자녀에게 하듯 권면하고 위로하고 경계하노니. (데살로니가전서 2:7,11)

영적 재생산을 위한 자질 및 조건들 131

전도를 열심히 잘할 뿐만 아니라 우리가 영적 자녀들을 양육할 줄 아는 사람이 되어야 그들을 통해서 재생산이 가능케 될 수 있음을 이 두 구절을 통해서 배울 수 있습니다. 그리고 또 양육에는 양면성이 있어야 함을 보게 됩니다. 하나는 젖먹이를 키우는 어머니와 같은 자질이고, 또 하나는 자녀를 훈련하는 아버지와 같은 자질입니다. 이 두 가지 자질을 갖추고 있어야 온전한 양육이 가능케 된다는 것입니다. 어느 한쪽만 있다면 문제가 있는 것입니다. 가끔 보면 기독교 지도자들 중에 서로 논쟁이 있는데, 어떤 사람은 아버지와 같은 사람이 되어야 사역을 잘한다고 주장하고, 또 어떤 사람은 어머니와 같은 사랑이 있어야 한다고 주장하기도 하는데 그런 논쟁은 의미가 없습니다. 바로 이 구절에서 양쪽 두 가지 필요를 다 이야기하고 있기 때문입니다. 바나바가 옳으냐 바울이 옳으냐 논쟁하며 어떤 사람은 바나바를 편들고 어떤 사람은 바울을 편들기도 하는데 사실 두 가지가 다 필요한 것입니다. 이런 논쟁은 자기의 약점을 가리기 위해 또는 상대방을 비판하기 위해 잘못된 동기로 할 때가 많습니다.

아버지와 어머니는 자녀가 온전하게 클 수 있는 두 가지 조건입니다. 어느 한쪽도 없어서는 안 됩니다. 어머니가 하는 일은 자녀를 희생적으로 먹이고 격려하고 사랑을 퍼부어 줌으로 기르는 것이며, 아버지가 하는 일은 올바르게 자라도록 권면하고 경계하며 훈계와 훈련을 하는 일입니다. 어머니는 살과 같고 아버지는 뼈와 같습니다. 뼈 없이 살만 있는 사람과 살

없이 뼈만 있는 사람을 상상해 보십시오. 무섭고 혐오감을 느낄 것입니다. 아름답고 온전한 그리스도의 사람으로 성장하는 데에도 양면의 균형 있는 자질이 동시에 필요한 것입니다.

물총새가 새끼를 키우는 것을 TV를 통해 본 적이 있는데, 처음에 알을 낳아 품고 그 다음에 알이 깬 후 새끼에 깃털이 생기고 성장하여 마침내 둥지를 떠날 때까지를 관찰한 자료였습니다. 어미새가 새끼를 양육하기 위해 보통 고생을 하는 것이 아니었습니다. 비바람과 굶주림을 끝까지 견디면서 알을 품고 있는데 새끼가 알을 깨고 나오면 그냥 그대로 품고만 있는 것이 아니라 다음 단계의 양육으로 넘어갑니다. 이제부터는 열심히 쉴 새 없이 작은 물고기를 잡아다가 먹이는 것입니다. 그리고 배설물이 나오면 입으로 물어다가 버리고, 또 먹이를 잡아다가 먹이고, 배설물이 나오면 또 물어다가 버리고 하는데, 그 하는 일이 바로 사람의 경우 아이를 키우는 엄마와 같은 양육의 일을 쉴 새 없이 하는 것이었습니다. 그런데 새끼들이 깃털이 나오며 좀 더 크니까 갑자기 이 물총새의 어미새와 아비새가 새끼들에게 얼굴을 싹 바꾸는 것이었습니다. 전에는 먹이를 물어다가 금방 입에다 넣어 주었는데 이제는 그게 아닙니다. 입구에서 약만 올리는 것입니다. 먹이를 주지는 않고 한참 이렇게 약을 올리면 이 새끼들이 앞으로 막 나와서 날갯짓을 해대는데 그러면 어미는 그제야 제일 날갯짓을 잘하는 녀석에게 먹이를 넣어 줍니다. 그래서 조금씩 유도해서 둥지로부터 떠나는 일을 하도록 도와줍니다.

그 다음에는 또 먹이를 잡기 위한 다이빙 훈련을 시키는 것입니다. 물고기를 잡아먹으려면 다이빙을 할 줄 알아야 하니까, 그래서 처음에는 전혀 물고기를 잡지는 못하고 물속에 머리를 쏙 처박았다가 바로 나와 자기가 앉아 있던 가지로 다시 와서 앉게 하고 그것을 수없이 훈련시키고 그것을 성공한 새끼에게만 먹이를 줍니다. 그 다음에는 먹이를 먹일 때도, 물고기를 잡는 것을 시범을 보이고, 잡은 물고기를 부리로 물고 나뭇가지나 돌바닥에 탁탁 쳐서 물고기를 죽이고 그 살을 부드럽게 해가지고 먹는 것을 보여 줍니다. 이런 것들을 본 새끼가 어미가 하는 대로 따라서 해보는데 처음에는 아주 어설프기 짝이 없습니다. 그러나 끝까지 인내하며 연습을 반복하더니 나중에는 상당히 익숙해집니다. 이렇게 하여 새끼들을 독립시키고는 어미새는 어디론가 떠납니다.

이런 장면들을 보면서 어떤 면에서는 사람보다 낫다는 생각이 들었습니다. 깃털이 나기 전까지의 그 극진한 어미의 사랑, 그리고 깃털이 난 후의 그 엄격하고 혹독하기까지 한 훈련, 그래서 드디어 고기잡이를 스스로 할 줄 알게 되자 떠나 버리는 부모새…. 이 모든 과정이 얼마나 감동적이고 교훈적입니까? 그런데 사람은 그렇지 못한 경우들이 많이 있습니다. 대학교까지 부모가 데려다 주고, 심지어는 군대 막사까지 부모가 따라가 주기도 하고, 또 자식의 직장에 근무지 문제를 따지러 가는 부모까지 있는 것을 보면, 우리 인간의 양육에 문제가 있는 것은 아닙니까? 그렇게 자란 청년들이 어떻게 스스로 자립할 줄 알겠으며, 또는 군에 가서 훈련을 받고 나아가 유사시에 국가를 위해 전투를 하게 되며, 또한 스스로 자기 직업에서 모든 어려운 일들을 헤쳐 나갈 수 있을지 매우 걱정스러운 면이 있습니다. 영적으로도 마찬가지입니다. 영적으로도 재생산을 하려면 어머니와 같은 사랑만으로도 안 되고 아버지와 같은 훈련만 가지고도 안 됩니다. 두 가지를 다 균형 있게 병행해야 하는 것입니다. 어느 한쪽을 선호하려는 태도를 버리고 온전한 양육을 할 줄 알아야 나의 다음 영적 세대들도 균형 있는 양육을 하게 될 것입니다.

글을 맺으며

지금까지 우리는 영적 재생산에 관한 여러 말씀들을 살펴보았습니다. 그러면 이제 우리가 우리 삶을 어디에 드려야 하겠습니까? 이제는 영적 재생산에 나 자신을 드려야겠다는 생각이 들지 않습니까? 그러나 이런 동기는 일을 시작하게는 할 수 있지만 지속하게 하는 것은 아닙니다. 그것을 지속하게 하는 것은 영적 습관입니다. 전도하는 삶도 저절로 되기보다는 훈련을 통해 습관을 들여야 하듯이, 영적 재생산의 삶도 영적 습관을 들여야 합니다. 주님과의 교제와 전도, 양육, 훈련이 생활화되어야 합니다. 우리 모두는 다 성령 안에서 능력을 가지고 있습니다. 그러나 그 능력을 사용하지 않는다면 능력 없는 사람과 다를 것이 없는 것입니다.

하나님께서는 이스라엘 민족을 애굽으로부터 해방시키신 후 그대로 직행하여 가나안 땅으로 들어가게 하지 않으시고 사십 년 동안을 광야에서 지체하게 하셨습니다. 이는 그들이 가나안의 주인이 되기 위해서는 주인으로서의 자질이 형성되어야 하는데 이를 위한 교훈과 많은 훈련이 필요했기 때문이었습니다. 애굽에서 종으로 430년간의 긴 세월을 살아오는 동안 그들 속에는 주인의식보다는 노예근성이 뿌리 깊게 자리 잡게 되었을 것입니다. 그러나 노예근성을 가지고는 가나안 땅에서 약속의 민족으로 주인 노릇을 할 수 없는 것입니다. 그리하여 그들을 광야에서 훈련시키시는 동안 결과적으로 세대 교체가 되었습니다. 새로운 세대와 새로운 지도자로 교체하여 가나안 땅으로 나아갔던 것입니다.

나는 한동안 나라와 민족을 위하여 기도할 때마다 마음속에 '우리 국민들의 세대가 바뀌고 이를 통해 국민들의 의식이 새로워져야 우리도 선진국 대열에 서게 되고 세계의 영향력 있는 국가가 되겠구나' 하고 생각되어 그럴 때마다 새로운 세대에 대한 기대가 자못 컸었습니다.

그러나 TV나 신문에 자주 보도되는 청소년들의 각종 범죄, 방탕, 폭력, 자살 등 심각한 문제들에 대한 소식들은 신세대에 대한 나의 기대를 흔들리게 하는 데 충분했습니다. 어느 날 나는 어린 손자들과 이야기를 하다가 깜짝 놀랄 사실을 알게 되었습니다. 그들은 초등학교 2학년과 유치원 어린이인데 그들의 많은 친구들이 말할 때마다 욕을 한다는 것이었습니다. "욕을 안 하면 말을 못하는 것 같아요." 이 말을 듣고 나는 뒤통수를 얻어맞는 것 같은 충격을 받았습니다.

그날 밤 나는 무너진 나의 기대를 어디서 회복할 수 있을까를 생각하며 기도하였습니다. 하나님께서 깨닫게 해주신 것은

'신세대가 아니라 성령으로 거듭난 성령 세대에 소망을 두라'는 것이었습니다. 그렇습니다. 영적으로 거듭난 성령 세대를 재생산하는 것만이 이 나라와 민족과 더 나아가서 아시아와 세계에 그리스도 안에 있는 참 소망을 잇게 하는 것입니다. 이를 위해 나 자신을 헌신하는 것이 가장 가치 있는 삶이라고 새삼 확신하게 됩니다.

　이제 우리 자신을 살펴보고 정말로 자기 자신이 재생산하는 일에 충성된 사람인가 돌아보아야 합니다. 그렇게 되기 위해서 영적 재생산의 놀라운 가치와 그 치러야 될 값을 계산해 보고, 잘못된 것과 버려야 할 것이 있으면 아까워하지 말고 망설임 없이 지금 곧 버려야 합니다. 그리고 영적 재생산을 위한 새로운 출발을 하는 계기로 삼아야 합니다. 우리 모두가 일생 동안을 통해 최소한 영적 3세대 또는 그 이상을 재생산하는 목표를 세우고 그것이 이루어지도록 주님께 기도해야겠습니다.

참으로 고마우신 우리 아버지 하나님,
감사와 찬양을 드리옵니다.
우리들 자신을 돌아보면
우리도 75세 된 아브라함의 모습처럼 초라하고 힘없고
장래에 희망이 없는 것같이 보이는
부족함이 많은 사람들이지만,
그러나 아브라함을 불러 주신 것처럼 우리를 부르시고

성격적으로 여러 가지로 모가 난 야곱을 선택하여
주신 것처럼 약점이 많은 우리를 선택하여 주시고
우리에게 영적 재생산의 놀라운 일관성 있는
주님의 약속과 관심과 축복을 주신 것을 인하여
감사를 드리옵니다.
악하고 허무한 이 시대에
우리가 무엇을 위하여 살아야겠사옵니까?
우리에게 우리 날 계수할 줄을 아는
지혜를 허락해 주셔서 세월을 낭비하지 말고
남은 때를 영적 재생산을 위해 우리 자신을 드릴 수 있도록
도와주시기를 원하옵니다.
그리하여 우리가 주님의 약속 성취를 위해 순종하여 살 때
세상의 악한 것들을 극복해 나가고 승리하게 해주셔서
우리가 여호와 하나님께 영광을 돌리는 사람들이
될 수 있도록 도와주시길 원하옵니다.
또한 우리가 돕는 사람들을 풍성한 말씀으로
어떻게 도울 줄을 알게 하여 주시고
슬기와 지혜를 주시며
훌륭한 자질과 인격을 허락하여 주시옵기를
간절히 기도하옵니다.
우리가 헛된 세상의 가치관을 위해 줄달음치는 것을
포기할 줄 알게 하여 주시고
이제는 영적인 일을 위해서 주님의 헌신된 군사로

또 주님의 법대로 경주하는 신앙의 선수로
그리고 인내하며 일하는 영적인 농부로
자신을 드리는 저희가 될 수 있도록 도와주시옵소서.
우리가 주님 앞에 좋은 밭이 되어
우리를 통해서 30배, 60배, 100배의 열매가 계속 배가되는
영적 재생산의 역사가 일어날 수 있도록
저희 각 사람을 축복해 주시길 간절히 구하옵고
주 예수님의 이름으로 기도하옵나이다. 아멘!

좋은 땅에 뿌리웠다는 것은 말씀을 듣고 깨닫는 자니, 결실하여 혹 백 배, 혹 육십 배, 혹 삼십 배가 되느니라 하시더라.
(마태복음 13:23)

본 출판사의 서면 허락 없이는 본서의 전부 또는
일부의 무단 복제, 또는 원문에 대한 무단 번역을 금합니다.

영적 재생산의 삶

초판 1쇄 발행 : 2005년 8월 7일
초판 3쇄 발행 : 2021년 7월 1일

펴낸곳: 네비게이토 출판사 ⓒ
주소: 03784 서울시 서대문구 연희로 16 (창천동)
전화: 334-3305(대표), 334-3037(주문), FAX: 334-3119
홈페이지: http://navpress.co.kr
출판등록: 제10-111호(1973년 3월 12일)

ISBN 978-89-375-0283-5 03230